決定版 四季の
宿根草図鑑
Perennials

荻原範雄（おぎはら植物園）

講談社

Introduction
魅力あふれる宿根草の世界

宿根草とは、植物の園芸での分類の1ジャンルです。苦手な季節になると地上部が枯れ、芽や茎根だけになって耐えて、環境が整うと再び芽吹きます。原生地では数年から数十年生きて、多くは毎年花を咲かせます。
宿根草の魅力は何といっても多様性です。たくさんの種類があり、植物好きの心を飽きさせません。
本書では、主役から脇役、花を楽しむものから葉を楽しむものまで、約586種の宿根草を、育てて楽しむのに必要な情報と美しい写真で紹介しています。
宿根草の世界をお楽しみください。

ホリーホック'チャターズ レッド'

アスチルベ'ピーチ ブロッサム'

セントーレア シアヌス

グンネラ マニカタ
ストケシア
トロリウス'ゴールデン クイーン'
ペンステモン'ブラック バード'

決定版 四季の宿根草図鑑 目次

Contents

- 002 魅力あふれる宿根草の世界
- 008 本書の使い方

冬・早春 Winter・Early Spring 010

- 010 クリスマスローズ ニゲル
  クリスマスローズ ハイブリダス
- 011 フクジュソウ（福寿草）
  ベロニカ'オックスフォード ブルー'
  原種シクラメン コウム
  原種シクラメン コウム'アルバム'
  セツブンソウ（節分草）
- 012 ビオラ ラブラドリカ
  スノードロップ
  ニホンズイセン（日本水仙）
  タンチョウソウ

中春 Mid Spring 013

- 013 イベリス センパービレンス
  イベリス'ゴールデン キャンディ'
  イベリス'ピンク アイス'
  アリッサム'サミット'
  アルメリア マリティマ
  セイヨウオキナグサ
- 014 アネモネ フルゲンス
  プリムラ ブルガリス
  ユキワリソウ（雪割草）
  プリムラ ベリス
  カーニバル プリムローズ
  プリムラ ベリス'サンセットシェード'
- 015 ダブルプリムローズ
  ユーフォルビア ポリクロマ
  サクラソウ（桜草）
  アレナリア モンタナ
- 016 フロックス ストロニフェラ'シアウッド パープル'
  オムファロデス'チェリー イングラム'
  オムファロデス'スターリー アイズ'
  ラシルス'ローゼンエルフ'
  プルモナリア'ブルー エンサイン'
  プルモナリア'E.B. アンダーソン'
  プルモナリア'ダイアナ クレア'
- 017 ブルネラ マクロフィラ
  ブルネラ'キングス ランサム'
  ブルネラ'ルッキング グラス'
  ブルネラ'ミスターモース'
  ブルネラ'グリーン ゴールド'
  ヒマラヤユキノシタ
  ヒマラヤユキノシタ'ドラゴンフライ サクラ'
  ヒマラヤユキノシタ'ブレッシングハム ホワイト'
  ワスレナグサ（勿忘草）

晩春 Late Spring 018

- 018 フォプシス スティローサ
  宿根アマ
  宿根アマ'アルバ'
- 019 ジギタリス パープレア
  ジギタリス'カメロット ラベンダー'
  ジギタリス'カメロット ローズ'
- 020 ジギタリス'パムズ スプリット'
  ジギタリス'アプリコット'
  ジギタリス'スノー シンブル'
  ジギタリス'シルバーフォックス'
  ジギタリス オブスクラ
  ジギタリス メルトネンシス
- 021 ジギタリス'ポルカドット ピッパ'
  ジギタリス'ポルカドット ポリー'
  ジギタリス ラナタ
  ジギタリス パービフロラ
  ジギタリス'レッドスキン'
  ハイブリッドジギタリス'イルミネーション ピンク'
  ハイブリッドジギタリス'イルミネーション ラズベリー'
- 022 シダルセア'ビアンカ'
  シダルセア'リトル プリンセス'
  タマシャジン
  シシリンチューム'カリフォルニア スカイ'
  シシリンチューム'アイダホ スノー'
  シシリンチューム ストリアタム
- 023 アークトチス グランディス
  アークトチス'バーガンディ'
  ミヤコワスレ（都忘れ）
  コツラ ヒスピダ
  タナセタム'ジャックポット'
- 024 ベビリアンデージー
  チョウジソウ（丁字草）
  イトバチョウジソウ
  オリエンタルポピー'カルネウム'
  オリエンタルポピー'ロイヤル ウエディング'
  ポピー'フローレプレノ'
- 025 セイヨウオダマキ
  オダマキ'グリーン アップルズ'
  オダマキ'ブラック バロー'
  オダマキ'ローズ バロー'
  オダマキ'ウインキー レッドホワイト'
  オダマキ ヴィリディフロラ
  オダマキ'ピンク ランタン'
  オダマキ'ピンク ペチコード'
  オダマキ'コルベット'
  オダマキ アルピナ
- 026 タイツリソウ（鯛釣草）
  白花タイツリソウ
  タイツリソウ'バレンタイン'
  タイツリソウ'ゴールド ハート'

- サギゴケ
  クリンソウ（九輪草）
  プリムラ'アップル ブロッサム'
- 027 イブキジャコウソウ（伊吹麝香草）
  白花イブキジャコウソウ
  セラスチウム
  ラミウム'ビーコン シルバー'
  ラミウム ガレオブドロン
- 028 ユーフォルビア ウルフェニー
  ユーフォルビア'ブラック パール'
  ユーフォルビア'アスコット レインボー'
  ユーフォルビア'ブラック バード'
  ユーフォルビア'パープレア'
  ユーフォルビア'ファイヤー グロウ'
  ユーフォルビア'カメレオン'
- 029 サポナリア オキモイデス
  サポナリア'スノー チップ'
  リクニス フロスククリ
  リクニス'ホワイト ロビン'
  リクニス'ジェニー'
- 030 タツタナデシコ（龍田撫子）
  ダイアンサス'ソーティー'
  ダイアンサス テマリソウ
  ダイアンサス'アークティック ファイヤー'
  ダイアンサス クルエンタス
  ダイアンサス ナッピー
- 031 アリウム ギガンチューム
  アリウム'ホワイト ジャイアント'
  アリウム チャイブ
  アリウム モーリー
  アリウム'グレイスフル'
  ネクタロスコルダム シクラム
- 032 フロックス'ビル ベーカー'
  フロックス'ホワイト パヒューム'
  フロックス ピロサ
  フロックス'ムーディ ブルー'
  フロックス'ブルー パヒューム'
  フロックス'モントローザ トリカラー'
- 033 シャクヤク（芍薬）
  スカビオサ'パーフェクタ'
  スカビオサ'ホワイト クイーン'
  シラン（紫蘭）
- 034 ルピナス
  アルケミラ モリス
  クラウンベッチ

初夏 Early Summer 035

- 035 マルバストラム ラテリティウム
  ポピーマロウ
  エノテラ'スペシオサ'
  ヤナギラン（柳蘭）

036 コモンマロウ
　　マルバ'ブルー ファウンテン'
　　ムスクマロウ
　　ムスクマロウ'アルバ'
　　ムスクマロウ'アップル ブロッサム'
037 ガウラ'ソー ホワイト'
　　ガウラ'シスキュー ピンク'
　　ガウラ'ベインズ フェアリー'
　　ガウラ'フェアリーズ ソング'
　　ガウラ'サマー エモーション'
038 ベロニカ'クレーター レイクブルー'
039 ベロニカ'ウルスター ブルー ドワーフ'
　　ベロニカ'レッド フォックス'
　　ベロニカ ロンギフォリア
　　ベロニカ ロンギフォリア'アルバ'
　　ベロニカ ロンギフォリア'シャーロット'
　　ベロニカ ロンギフォリア'ピンク シェード'
040 ペンステモン'ハスカーレッド'
　　ペンステモン'エレクトリック ブルー'
　　ペンステモン バルバツス
041 ペンステモン'ブラックバード'
　　ペンステモン グランディフロラス
　　ペンステモン スモーリー
　　オキシペタラム'ブルー スター'
042 リナリア パープレア
　　リナリア'キャノン ジェイ ウェンド'
　　リナリア'アルバ'
　　ヤシオネ ラエヴィス
　　セントランサス ルブラ
　　セントランサス ルブラ'スノークラウド'
043 アキレア ミレフォリウム
　　アーティチョーク
　　アキレア'ピーチ セダクション'
　　アキレア'ノブレッサ'
　　アキレア'テラコッタ'
　　プラティア アングラータ
044 カンパニュラ パーシフォリア
　　カンパニュラ パーシフォリア'アルバ'
　　カンパニュラ グロメラータ
　　カンパニュラ ラプンクロイデス
　　カンパニュラ アリアリフォリア
045 カンパニュラ ラクチフロラ
　　カンパニュラ サラストロ
　　カンパニュラ ロツンディフォリア
046 エリゲロン カルビンスキアヌス
　　エリゲロン'アズール フェアリー'
　　エリゲロン オーランティアカス
　　ローマンカモミール'フローレ プレノ'
　　ダイアーズ カモミール
047 ダリア'ミッドナイト ムーン'
　　ダリア'黒蝶'
　　セネシオ ポリオドン

　　ストケシア
048 セントレア モンタナ
　　セントレア モンタナ'アルバ'
　　セントレア'ブラック スプライド'
　　セントレア デルバータ
049 セントレア'マジック シルバー'
　　セントレア ギムノカルパ
　　セントレア シアヌス
　　セントレア シアヌス'ブラック ボール'
050 ラティビダ'レッド ミジェット'
　　リアトリス'ゴブリン'
　　レウカンセマム'ブロードウェイ ライド'
　　レウカンセマム'オールド コード'
　　レウカンセマム'スノー ドリフド'
051 アカンサス モリス
　　アカンサス'ホワイトウォーター'
　　アネモネ カナデンシス
　　アネモネ シルベストリス
052 デルフィニウム エラータム系
　　デルフィニウム シネンセ系
　　トロリウス'ゴールデン クイーン'
　　トロリウス'チェダー'
　　トロリウス ヨーロパエウス
053 バーベナ ハスタータ'ブルー スパイヤー'
　　バーベナ ハスタータ'ホワイト スパイヤー'
　　バーベナ ハスタータ'ピンク スパイヤー'
　　バーベナ ボナリエンシス
　　バーベナ ボナリエンシス'ロリポップ'
054 バーバスカム'ビオレッタ'
　　バーバスカム'フラッシュ オブ ホワイト'
　　バーバスカム'ウエディング キャンドルズ'
　　バーバスカム'ロゼッタ'
　　バーバスカム'サザン チャーム'
　　バーバスカム'ポーラー サマー'
055 プリムラ ブレヤナ
　　プリムラ カピタータ モーレアナ
　　リシマキア プンクタータ
　　リシマキア アトロパープレア
056 サルビア クレベランディ
　　サルビア グレッギー
　　サルビア ミクロフィラ'ホット リップス'
　　サルビア パテンス
　　コモンセージ
　　サルビア チャマエドリオイデス
057 サルビア ネモローサ'カラドンナ'
　　サルビア ネモローサ
　　サルビア ネモローサ'ローゼンウェイン'
　　サルビア ネモローサ'スノーヒル'
　　サルビア ネモローサ'シュベレンバーグ'
058 サルビア プラテンシス'トワイライト セレナーデ'
　　サルビア プラテンシス'スイート エスメラルダ'
　　サルビア プラテンシス'スワン レイク'

　　サルビア プラテンシス'スカイ ダンス'
　　サルビア プラテンシス'メイドリーン'
　　サルビア スクラレア
　　サルビア スクラレア'バチカン ホワイト'
059 フロミス ルッセリアナ
　　フロミス パープレア
　　フロミス サミア
　　フロミス チューベローサ
　　アガスターシェ'ブラック アダー'
　　アガスターシェ'ボレロ'
　　アガスターシェ'ゴールデン ジュビリー'
060 キャットミント'ウォーカーズ ロウ'
　　キャットミント'ライム ライド'
　　ネペタ'ブルー ドリームズ'
　　ネペタ'ピンク ドリームズ'
061 アジュガ レプタンス
　　アジュガ'キャトリンズ ジャイアント'
　　アジュガ'チョコレート チップ'
　　アジュガ'バーガンディ グロー'
　　テウクリウム ヒルカニカム
　　メリテス メリッソフィルム
062 ラムズイヤー
　　スタキス モニエリ
　　アストランティア'フローレンス'
　　アストランティア'スノースター'
　　アストランティア'ベニス'
　　アストランティア'ローマ'
063 エリンジューム'ビッグ ブルー'
　　エリンジューム'ネプチューン ゴールド'
　　エリンジューム'ミス ウィルモッツ ゴースト'
　　エリンジューム プラナム
　　ダウカス'ダラ'
　　ワイルドチャービル'レイヴァンズ ウィング'
064 オルラヤ グランデフロラ
065 ペルシカリア'ホーエ タトラ'
　　トラディスカンティア'スイート ケイド'
　　ギンパイソウ(銀盃草)
　　アグロステンマ ギタゴ
066 シレネ ガリカ クインクエベルネラ
　　シレネ ユニフロラ
　　シレネ ユニフロラ'ドレッツ バリエガータ'
　　シレネ'スワン レイク'
　　シレネ ブルガリス
　　レッドキャンピオン
　　ホワイトキャンピオン
　　シレネ'ファイヤーフライ'
067 リクニス コロナリア
　　リクニス コロナリア'エンジェルス ブラッシュ'
　　リクニス コロナリア'アルバ'
　　リクニス コロナリア'ガーデナーズワールド'
　　ポレモニウム'パープル レイン'
　　ポレモニウム'アプリコット デライト'

068 ゲウム 'マイタイ'
ゲウム 'バナナ ダイキリ'
ゲウム リバレ
ギレニア トリフォリアタ
ギレニア 'ピンク プロフュージョン'

069 ポテンティラ カラブラ
ポテンティラ クランジー
ポテンティラ 'ヘレン ジェーン'
ポテンティラ レクタ 'アルバ'

070 ゲラニウム 'ジョンソンズ ブルー'
ゲラニウム マクロリズム
ゲラニウム マキュラタム 'エスプレッソ'
ゲラニウム 'シラク'
ゲラニウム エンドレッシー
ゲラニウム レナルディ

071 ゲラニウム ピレナイカム 'ビル ウォーリス'
ゲラニウム ピレナイカム 'サマー スノー'
ゲラニウム オクソニアナム 'シアウッド'
ゲラニウム ファエウム
ゲラニウム ファエウム 'アルバム'
ゲラニウム オクソニアナム 'クラリッジ ドリュース'

072 ゲラニウム プラテンセ
ゲラニウム プラテンセ 'スプリッシュ スプラッシュ'
ゲラニウム プラテンセ 'ダブル ジュエル'
ゲラニウム マグニフィカム
ゲラニウム サンギネウム 'ナヌム'
ゲラニウム サンギネウム 'アルバム'
ゲラニウム 'フィリップ バッペル'
ゲラニウム サンギネウム 'エルク'
ゲラニウム サンギネウム ストリアタム

073 ゲラニウム 'ロザンネ'
ゲラニウム 'ライラック アイス'
ゲラニウム 'ピンク ペニー'
ゲラニウム 'スイート ハイジ'
ゲラニウム 'ブルー サンライズ'

074 ペラルゴニウム シドイデス
エロディウム マネスカヴィ
クナウティア アルベンシス
クナウティア 'マース ミジェット'
アンチューサ アズレア

075 スカビオサ コルンバリア ナナ
スカビオサ 'ピンクッションピンク'
スカビオサ 'ムーン ダンス'
スカビオサ 'スノー メイデン'
スカビオサ 'エース オブ スペード'
スカビオサ 'ボジョレー ボンネット'
スカビオサ 'ドラム スティック'

076 バプティシア オーストラリス
バプティシア 'アルバ'
バプティシア ブラクテアタ
セリンセ マヨール 'パープラセンス'

077 ツボサンゴ

ヒューケレラ 'ブリジット ブルーム'
ティアレラ 'スプリング シンフォニー'

078 ヤグルマソウ (矢車草)
ヤグルマソウ 'チョコレート ウイング'
ヘメロカリス

079 アスチルベ 'ショースター'
アスチルベ 'カプチーノ'
アスチルベ 'チョコレート ショーグン'
アスチルベ 'ファナル'
アスチルベ 'ヴァイセ グロリア'
アスチルベ 'ピーチ ブロッサム'
アスチルベ 'レッド チャーム'

夏 Summer 082

082 ラバテラ クレメンティ
ルリマツリモドキ
ケロネ リオニー

083 キキョウ (桔梗)
ロベリア スペシオサ
クガイソウ 'ファシネーション'
ガイラルディア 'ブルーム'

084 ホリーホック
ホリーホック 'チェストナット ブラウン'
ホリーホック 'シャモイス ローズ'
ホリーホック 'チャターズ イエロー'
ホリーホック 'チャターズ レッド'

085 ホリーホック 'チャターズ ホワイト'
ホリーホック 'チャターズ ピンク'
ホリーホック ニグラ
アルセア ルゴサ
エキナセア パープレア

086 エキナセア 'アルバ'
エキナセア 'フラダンサー'
エキナセア パラドクサ
エキナセア 'ファタル アトラクション'
エキナセア 'グリーン エンビー'
エキナセア 'ココナッツ ライム'
エキナセア 'ハーベスト ムーン'
エキナセア 'ホット サマー'
エキナセア 'オレンジ パッション'
エキナセア 'バージン'
エキナセア 'ホットパパイヤ'

087 エキナセア 'グリーン ジュエル'
エキナセア 'クーペ ソレイユ'
エキナセア 'エキセントリック'
エキナセア 'イレシスティブル'
エキナセア 'ピッコリーノ'
エキナセア 'ピンク ダブル デライト'
エキナセア 'サマー サルサ'
エキナセア 'ストロベリー ショートケーキ'

088 エキノプス 'ブルー グロー'

エキノプス 'スター フロスト'
ヘレニウム 'ルビー チューズデイ'
ヘレニウム 'オータム ロリポップ'
ヘレニウム 'ロイスダー ウィック'

089 ルドベキア 'チェリー ブランデー'
ルドベキア 'グリーン ウィザード'
ルドベキア 'ヘンリー アイラーズ'
ルドベキア マキシマ
ルドベキア タカオ

090 ヘリオプシス 'サマー サン'
ヘリオプシス 'ローレン サンシャイン'
ヘリオプシス 'サマー ナイト'
リグラリア 'ブリットマリー クロウフォード'
リグラリア プルツェワルスキー

091 コレオプシス バーチキリアタ
シミシフーガ 'ブルネット'
タリクトラム デラバイ
タリクトラム デラバイ 'アルバ'
リリオペ 'バリエガータ'

092 リシマキア エフェムルム
リシマキア 'ファイヤー クラッカー'
オカトラノオ
フィソステギア 'バリエガータ'
フィソステギア 'クリスタルピーク ホワイト'

093 サルビア ガラニチカ
ロシアンセージ
サルビア 'インディゴ スパイヤー'
サルビア シナロエンシス
サルビア ウルギノーサ

094 カラミンサ
オレガノ 'ケント ビューティ'
オレガノ ロツンデフォリウム
トリトマ

095 モナルダ ディディマ
モナルダ 'パープル ルースター'
モナルダ 'エルシス ラベンダー'
モナルダ 'アルバ'

096 ペルシカリア 'ファット ドミノ'
ペルシカリア 'ゴールデン アロー'
アガパンサス
アガパンサス 'シルバー ムーン'
アガパンサス 'フローレ プレノ'

097 フロックス パニュキュラータ
フロックス 'ブルー パラダイス'
フロックス 'ジェイド'
フロックス 'ピンキー ヒル'
フロックス 'スター ファイヤー'
フロックス 'レッド フィーリングス'
フロックス 'ツイスター'
フロックス 'クレオパトラ'

098 メドースイート
サクシセラ 'フロステッド パールズ'

メドースイート 'フローレプレノ'
メドースイート 'オーレア'
フィリペンデュラ 'レッド アンブレラ'
ミソハギ（禊萩）
099 セダム 'オータム ジョイ'
セダム 'フロスティ モーン'
セダム 'ゼノックス'
セダム 'シトラス ツイスト'
セダム 'ストロベリー＆クリーム'

秋 *Autumn* 100

100 オミナエシ（女郎花）
フジバカマ（藤袴）
宿根アスター
101 ユーパトリウム 'チョコレート'
ユーパトリウム セレスチナム
トウテイラン（洞底藍）
シュウメイギク（秋明菊）
シュウメイギク 'ハドスペン アバンダンス'
102 シミシフーガ 'ホワイト パール'
シミシフーガ 'クイーン オブ シバ'
原種シクラメン ヘデリフォリウム
原種シクラメン ヘデリフォリウム 'アルブム'
103 サルビア アズレア
コバルトセージ
サルビア エレガンス
サルビア エレガンス 'ゴールデン デリシャス'
サルビア インボルクラタ
104 サルビア マドレンシス
サルビア レウカンサ
ホトトギス（杜鵑草）

クレマチス *Clematis* 106

106 クレマチス マクロペタラ 'ウェッセルトン'
クレマチス チサネンシス 'レモンベル'
107 ハンショウヅル（半鐘蔓）
クレマチス 白万重
クレマチス フロリダ 'ビエネッタ'
108 クレマチス モンタナ ルーベンス
クレマチス モンタナ 'スターライト'
109 クレマチス 'ベル オブ ウォーキング'
クレマチス 'ジョセフィーヌ'
クレマチス 'ダッチェス オブ エジンバラ'
クレマチス 'ドクターラッペル'
クレマチス 'H・F ヤング'
110 クレマチス 'ロマンチカ'
クレマチス インテグリフォリア 'ヘンダーソニー'
クレマチス インテグリフォリア '花島'
クレマチス 'ユーリ'
クレマチス 'ロウグチ'

111 クレマチス 'プリンセス ダイアナ'
クレマチス 'プリンセス ケイト'
クレマチス テキセンシス 'スカーレッド'
クレマチス バーシカラー
クレマチス タングチカ
112 クレマチス 'プリンス チャールズ'
クレマチス 'エトワール バイオレッド'

カラーリーフ *Color Leaf* 114

114 ベロニカ 'ミッフィー ブルート'
ベロニカ 'アズテック ゴールド'
ベニシダ（紅羊歯）
カンナ 'ベンガル タイガー'
115 アサギリソウ
オウゴンアサギリソウ
アマドコロ 斑入り
ツワブキ
コクリュウ
116 ニューサイラン
ハツユキカズラ
ビンカ マヨール 'バリエガータ'
ビンカ マヨール 'ワジョージェム'
グンネラ マニカタ
117 リシマキア 'ミッドナイト サン'
リシマキア ヌムラリア 'オーレア'
パープルセージ
ゴールデンセージ
ホワイトセージ
118 カラミンサ 'バリエガータ'
オレガノ 'ノートンズ ゴールド'
タイム 'ハイランド クリーム'
エゴポディウム 'バリエガータ'
119 アラリア 'サンキング'
ムラサキミツバ（紫三つ葉）
ペルシカリア 'レッド ドラゴン'
ルメックス サンギネウス
ユーフォルビア ミルシニテス
120 ワイルドストロベリー 'ゴールデン アレキサンドリア'
ディコンドラ 'エメラルド フォールズ'
ディコンドラ セリセア
クジャクシダ（孔雀羊歯）
クローバー 'パープレッセンス クアドリフォリウム'
クローバー 'ウイリアム'
121 ロータス 'ブリムストーン'
ニシキシダ 'ゴースト'
122 ギボウシ 'サガエ'
ギボウシ 'ファイヤー ＆ アイス'
ギボウシ 'プレイング ハンズ'
ギボウシ 'サム アンド サブスタンス'
ギボウシ 'ジューン'
123 ギボウシ 'ハルシオン'

ギボウシ 'フランシス ウイリアムズ'
ギボウシ 'パトリオット'
ギボウシ 'リーガル スプレンダー'
ギボウシ 'アトランティス'
ギボウシ 'ゴールデン ティアラ'
124 ヒューケラ 'パレス パープル'
ヒューケラ 'キャラメル'
ヒューケラ 'ジョージア ピーチ'
ヒューケラ 'フォーエバー パープル'
ヒューケラ 'シルバー スクロール'
ヒューケラ 'ベルベット ナイト'
ヒューケラ 'ライム リッキー'

グラス *Grass* 125

125 シマススキ（縞薄）
ススキ 'ゴールド バー'
ホルデューム ジュバタム
パンパスグラス
126 斑入りセイヨウダンチク
フウチソウ（風知草）
フェスツカ グラウカ
ミューレンベルギア カピラリス
127 ペニセタム 'カーリー ローズ'
ワイルドオーツ
カレックス 'ブロンズ カール'
パニカム 'プレーリー スカイ'
パニカム 'チョコラータ'

129 宿根草の育て方

129 宿根草とは
130 苗の選び方
131 宿根草の用土、肥料、水やり
132 宿根草の植え方
133 宿根草の剪定
134 宿根草のふやし方
135 クレマチスの剪定、誘引

136 宿根草の入手先とおすすめのガーデン
137 用語解説
138 索引

本書の使い方

本書は、植物の園芸的な分類である「宿根草」の中から、日本の気候でも育ちやすい品種や、庭や鉢植えで楽しみやすい品種を中心に、特徴や育て方、データなどを写真とともに紹介しています。これには、日本の気候で扱いやすい球根植物も一部含まれています。また、非耐寒性で「一年草扱い」となる宿根草、高山植物など極端に暑さに弱い植物は、原則掲載していません。

構成は、まずおおよその開花期別に「冬・早春」「中春」「晩春」「初夏」「夏」「秋」に分類、続いて人気の高い「クレマチス」「カラーリーフ」「グラス」に分類しています。

なお、本書の気候や日照、数値などは、関東の平野部を基準にしています。また、栽培条件や個体差、植物の栽培方法などにより、植物の成育が異なることがあります。

① 観賞時期と特徴による分類で構成

開花時期と人気のカテゴリーにより、図鑑を以下のように構成しています。なお、「冬・早春」から「秋」までに関しては、植物分類の科のおおよその50音順にしています。

冬・早春：主に1～3月に見頃をむかえるもの
中春：主に4月に見頃をむかえるもの
晩春：主に5月に見頃をむかえるもの
初夏：主に6月に見頃をむかえるもの
夏：主に7～8月に見頃をむかえるもの
秋：主に9～11月に見頃をむかえるもの
クレマチス：人気のつる性の宿根草
カラーリーフ：葉に観賞価値のあるもの
グラス：草のような姿を観賞するもの

② 植物名

その植物の一般に流通していると思われる名前を表記しています。漢字表記は、適宜（ ）で記しました。また、有力な別名も適宜記しました。

③ 学名

その植物の学名をラテン語で表記しました。学名はその植物の世界共通の名前です。

④ 植物分類

大場秀章編著『植物分類表』（第2刷 2010年 アボック社）に準じて科名を表記しています。旧学名などは適宜（ ）内に表記しました。

⑤ 原産地

その植物の主な原産地やその品種の親になった原産地の国や地域を適宜表記しました。

⑥ おすすめマーク

特に育てやすいものや使いやすいものにマークを付けました。

⑦ フラッグ

検索しやすいように、代表的な植物名を欄外に適宜表示しました。

⑧ 草姿

その植物が生長した時のおおよその姿を以下に分類し、その植物の生長した大きさ（草丈／横張り）を記しました。

立性　←15～25cm→　↑10 20cm
茎や枝が直立して育つ

こんもり　←20～70cm→　↑20 70cm
低く育ち、株が半球状の姿になる

広がる1　←30～60cm→　↑20 40cm
伸びた茎や枝が放射状に広がる

広がる2　←15～25cm→　↑10 20cm
地下茎や根が地中で広がる

※草丈（長さ）、横張りは環境や個体差などにより異なります。

這い性　←20～70cm→　↑20 100cm
茎や枝が地面を這うように育つ

個性的　←20～70cm→　↑20 100cm
独特な株姿を見せる

つる性　←15～25cm→　↑10 20cm
茎や枝が、地面や支えを通じて伸びる

	説明
⑩ 花色	その植物がもつ花の色を表示しました。 桃 赤 紫 青 橙 黄 白 茶 緑 その他
⑪ 葉色	その植物がもつ葉の色を表示しました。斑入りのものはマークに斜線が入っています。 緑 緑斑 銅 銅斑 白 白斑 銀 銀斑 黄 黄斑 その他 その他
⑫ 香り	良い香りをもつ植物にマークを付けました。
⑬ ツメ	構成の分類をテーマカラーでツメに表示しています。
⑭ 本文	その植物の特徴や使い方、栽培でのポイントを記しています。
⑮ 栽培カレンダー	その植物の観賞期や管理作業の目安をカレンダーで表示しました。 「観賞」では、開花期、葉や実の観賞期、「作業」では植え付けや施肥などの適期を表示しています。 なお、栽培カレンダー内の表記を「株分=株分け」「植付=植え付け」「挿木=挿し木」「切戻=切り戻し」としています。
⑯ 植物写真	その植物の特徴をとらえた写真を掲載するようにしています。

⑨ 各種アイコン 本書では、以下のように定義しています。

日照

- **日なた** ほぼ一日中日が当たる場所、おおよそ8～10時間
- **半日陰** 午後の日差しを避け、おおよそ4～6時間、日の当たるところ
- **日陰** 早朝数時間の日当たりが好ましい。3～4時間、日の当たるところ

耐寒性

その植物のおおよその耐寒温度により、以下のように分類しています。
- **強い** 寒冷地で越冬可
- **普通** 暖地なら越冬可
- **弱い** 凍らない程度の場所で越冬可

耐暑性

その植物のおおよその耐寒温度により、以下のように分類しています。
- **強い** 暖地でも放任で夏越し可
- **普通** 注意、または工夫すれば暖地でも夏越可
- **弱い** 暖地での夏越しは困難

極寒地(極寒冷地)…北海道や本州の高冷地など
寒冷地(寒地)…北海道の南部、東北や山岳地など
暖地…東海、四国、九州の南部など

好む土壌

その植物の栽培に適した土の状態を以下のように分類しています。
- **乾燥** 常に乾いている土壌 (例;砂礫地、荒地、岩場など)
- **やや乾燥** 乾きやすい土壌 (例;砂地、盛土、斜面など)
- **普通** 水はけの良い土壌 (例;平坦な場所、耕作地など)
- **適湿** 適度に水分が含まれる土壌、乾きにくい土壌(例;窪地、湿気のある半日陰)
- **水辺** 常に水分がある土壌 (例;湿地、河原、湖畔など)

寿命

その植物を苗で購入してから枯れるまでの目安です。
なお、環境や育て方、個体差で異なることがあります。
- **短い** 日本の気候では寿命が2年以下のもの
- **普通** 寿命が3～5年のもの
- **長い** 寿命が6年以上になるもの

成長速度

その植物の成長速度を表示しました。
- **早い** 生育速度、繁殖速度が早い。成株になるまでの時間が短い(2年ほどで大株に育つもの)
- **普通** 一般的な草花の生育速度
- **遅い** 生育がゆっくりで、成株になるのに数年必要(大株になるには3年以上必要なもの)

冬・早春
Winter & Early Spring

冬から春先に咲く花は、
数が少なく貴重です。
一年草といっしょに
楽しみましょう。

クリスマスローズ

クリスマスローズ ニゲル

ニガー、ナイガー　*Helleborus niger*
キンポウゲ科　ヨーロッパ

こんもり 20〜40cm / 40〜60cm

白　緑

日照 半日陰　耐寒性　耐暑性
土壌　寿命 長　成長速度 普

特徴：早いものはクリスマスから開花。クリスマスローズとは、本来この原種のみを指す英名。

栽培：耐寒性は強いが暑さはやや苦手なので半日陰が良い。弱アルカリ性の肥沃な土壌を好むが、高温多湿を嫌うので水はけ、風通しを良くする。

月	1	2	3	4	5	6	7	8	9	10	11	12
観賞	花											花
	葉	葉	葉	葉	葉	葉	葉	葉	葉	葉	葉	葉
作業	施肥		植付	植付					植付	植付		
				花後剪定				株分	株分			

咲き進むとピンクに変化するものもある

クリスマスローズ ハイブリダス

レンテンローズ　*Helleborus × hybridus*
キンポウゲ科　東ヨーロッパ

桃　赤　紫　黄
白　乳白　緑　その他　緑

こんもり 20〜60cm / 40〜80cm

日照 半日陰　耐寒性　耐暑性
土壌　寿命 長　成長速度 普

特徴：一般的なのはオリエンタリスを基にした交配種であり、寒さ、暑さに強く丈夫で育てやすい。また、花色が幅広く、一重咲き、八重咲きなど花型も多様。庭植えで大株にしたり、鉢植えでコレクションしたり楽しみ方が選べる。ニゲルより遅い早春から春にたくさんの花を咲かせ、春の球根植物との組み合わせも良い。

栽培：弱アルカリ性の肥沃で水はけの良い土壌を好み、夏は半日陰になる環境の方が奇麗な葉を楽しめる。古株が衰えた場合は用土を新しくして植え直すと良い。周年常緑なので常に緑がほしい場所に最適。冬に葉が傷んだり、新しい花芽を覆い隠してしまう場合は、花芽が出る前の秋から冬に古い葉を切り戻しておくことも可能。

月	1	2	3	4	5	6	7	8	9	10	11	12
観賞		花	花	花								
	葉	葉	葉	葉	葉	葉	葉	葉	葉	葉	葉	葉
作業	施肥		植付	植付				植付	植付			
				花後剪定				株分	株分			

花色が多く、模様の入り方が株ごとに異なり、花期が長い

シングル（一重咲き）の花

セミダブル（半八重咲き）の花

ダブル（八重咲き）の花

フクジュソウ（福寿草）

ガンジツソウ　*Adonis ramosa*
キンポウゲ科　北東アジア

黄／緑

日照	日なた～半日陰	耐寒性	◎	耐暑性	普
土壌	普	寿命	長	成長速度	普

広がる 2
10～20cm
←20～60cm→

特徴：鮮やかな黄色の花が早春を告げる。年々芽数が増え大株になり、たくさん花を咲かせる。
栽培：花後に落葉し翌春まで地下で過ごす。肥沃な土壌で花期は日なた、休眠期は半日陰に。

月	1	2	3	4	5	6	7	8	9	10	11	12
観賞		花	花		葉	葉						
作業		植付							植付			
	施肥							施肥				
							株分					

ベロニカ'オックスフォード ブルー'

ジョージアブルー
Veronica umbrosa 'Georgia Blue' ('Oxford Blue')
オオバコ科（ゴマノハグサ科）ヨーロッパ

青／葉

日照	日なた～半日陰	耐寒性	◎	耐暑性	◎
土壌	普	寿命	普	成長速度	普

はい性
5～15cm
←20～40cm→

特徴：濃い青花をたくさん咲かせ、銅色を帯びた葉がクッションのように広がる。暑さ寒さに強い。
栽培：花後の剪定で初夏に再び開花する。周年常緑。水はけの良い日なたのグランドカバーに。

月	1	2	3	4	5	6	7	8	9	10	11	12
観賞			花	花	花							
	葉	葉	葉	葉	葉	葉	葉	葉	葉	葉	葉	葉
作業	植付			花後剪定			切戻					
施肥							株分、挿木					

冬・早春

原種シクラメン コウム

Cyclamen coum
サクラソウ科　ブルガリア、コーカサス など

桃／緑

日照	日なた～半日陰	耐寒性	◎	耐暑性	普
土壌	普	寿命	長	成長速度	遅

広がる 2
3～10cm
←10～20cm→

特徴：シクラメンの原種の1つで冬から早春に咲く。コイン型の葉と小さな花が可愛らしい。
栽培：水はけの良い土を用い、生育期は強乾燥に注意が必要。夏の休眠期は水分を控えめに。

月	1	2	3	4	5	6	7	8	9	10	11	12
観賞	花	花	花									花
	葉	葉	葉	葉	葉				葉	葉	葉	葉
作業									植付			
									施肥			
									株分			

原種シクラメン コウム'アルバム'
Cyclamen coum 'Album'

コウムの白花。花色は純白から底紅を帯びるものもあり、個体に幅がある。コウムは葉の模様も様々でコレクション的な価値が高い。

セツブンソウ（節分草）

イエニレ　*Eranthis pinnatifida*
キンポウゲ科　日本

白／緑

日照	半日陰	耐寒性	◎	耐暑性	弱
土壌	普	寿命	普	成長速度	遅

広がる 2
5～10cm
←10～20cm→

特徴：節分の頃から可憐な白花を付ける。自生地の環境破壊や乱獲で個体数が減っている。
栽培：石灰岩地帯の落葉樹林に自生。花後は落葉・休眠し、秋から根が伸び早春より開花する。

月	1	2	3	4	5	6	7	8	9	10	11	12
観賞		花	花									
			葉	葉								
作業									植付			
									施肥			
										株分	株分

ビオラ ラブラドリカ

紫葉スミレ　*Viola labradorica*
スミレ科　北アメリカ

特徴：紫を帯びる葉が周年楽しめて、冬から初夏の長い期間、すみれ色の小花を咲かせる。落ち着いた色の対比が美しく、寄せ植えや狭小地のグランドカバーに人気がある。原種スミレの選抜種で、初夏や秋の花はスミレ特有の閉鎖花（蕾が開花せず、そのまま種に変化する）になる場合が多い。

栽培：日なたから明るい日陰に適し、庭植えや鉢植えに向く。葉が密生して育つ小型の種類で、生育が遅いため、梅雨時期や夏に蒸れや根腐れに注意が必要であり、水はけの良い用土を使用する。肥料分を好むので、植え付け後にも追肥を行うと生育が良い。耐寒性が強く、暖地では冬も葉が残り、観賞することができる。

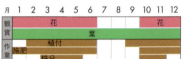

スノードロップ

オオマツユキソウ、雪のしずく　*Galanthus elwesii*
ヒガンバナ科　東ヨーロッパなど

特徴：小型の球根植物。「雪のしずく」の名のとおり、雪解けの頃に可憐な小花が開花する。

栽培：風通しの良い、明るい半日陰で、軽く水分のある場所に向く。植えたまま放任が良い。

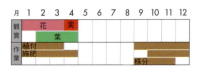

ニホンズイセン（日本水仙）

雪中花　*Narcissus tazetta* var. *chinensis*
ヒガンバナ科　地中海沿岸

特徴：早い時期に芳香花を咲かせる。地中海沿岸原産で中国から日本に伝来したといわれる。

栽培：日なたに植えたまま放任で良い。開花に一定期間の寒さが必要。浅植えだとふえにくい。

タンチョウソウ

イワヤツデ　*Mukdenia rossii*
ユキノシタ科　中国、朝鮮半島

特徴：早春に白い花を咲かせ、花後は葉が茂り、晩秋に紅葉し落葉する。四季折々に楽しめる。

栽培：暑さ、寒さ、乾燥に強く丈夫。放任で良い。夏の葉焼けを防ぐには半日陰で育てる。

中春
Mid-Spring

春たけなわとなり、花数が一気に増えます。遅霜に注意が必要です。

イベリス センパービレンス
キャンディタフト　*Iberis sempervirens*
アブラナ科　ヨーロッパ

白　緑

這い性　10〜20cm　←30〜60cm→

日照 日なた　耐寒性　耐暑性 強
土壌 やや乾　寿命 普　成長速度 普

特徴：白い花が株を覆うほどに一面に咲き、春によく目立つ。草丈が低く、花壇の前面に向く。
栽培：日なた、やや乾燥した場所へ植えると放任で手間がかからない。剪定は花後早めに行う。

月	1	2	3	4	5	6	7	8	9	10	11	12
観賞			花	花	花							
			葉	葉	葉	葉	葉	葉	葉	葉	葉	
作業			植付					植付	植付			
			施肥	花後剪定								
			株分・挿木					株分・挿木				

イベリス'ゴールデン キャンディ'
Iberis sempervirens 'Golden Candy'

鮮やかな黄色の葉が白い花とともに春花壇を彩る。花が終わっても葉色を楽しむことができる、比較的新しい品種。

イベリス'ピンク アイス'
Iberis 'Pink Ice'

咲き始めは白花で、咲き進むにつれて徐々にピンク色に変化する。淡い花色の変化と、濃いグリーンの葉色の対比が印象的。

アリッサム'サミット'
黄花アリッサム　*Alyssum saxatile* 'Summit'
アブラナ科　東ヨーロッパ

黄　葉

こんもり　10〜15cm　←20〜30cm→

日照 日なた　耐寒性　耐暑性 普
土壌 やや乾　寿命 普　成長速度 普

特徴：宿根性の黄花アリッサム。こぼれダネでもふえて群生するのでグラウンドカバーに向く。
栽培：日なたで花付き良く葉色も出る。日陰には不向き。高温多湿より乾燥気味の場所に向く。

月	1	2	3	4	5	6	7	8	9	10	11	12
観賞			花	花	花							
			葉	葉	葉	葉	葉	葉	葉	葉	葉	
作業			植付 施肥					植付 施肥				
	株分				花後剪定							

アルメリア マリティマ
ハマカンザシ　*Armeria maritima*
イソマツ科　ヨーロッパ・北アメリカ など

桃　白　緑

立性　10〜20cm　←20〜30cm→

日照 日なた　耐寒性　耐暑性 普
土壌 やや乾　寿命 普　成長速度 遅

特徴：ボール状の小花がたくさん咲く。細長い芝のような葉は冬も常緑。白や淡色、大型もある。
栽培：高温多湿を嫌うため、水はけ、風通し良く育てる。株分けは定期的に。肥料は控えめに。

月	1	2	3	4	5	6	7	8	9	10	11	12
観賞			花	花	花							
			葉	葉	葉	葉	葉	葉	葉	葉	葉	
作業			植付 施肥					植付 施肥				
					花後剪定			株分				

セイヨウオキナグサ
ハクトウソウ　*Pulsatilla vulgaris*
キンポウゲ科　ヨーロッパ

桃　赤　紫　青　黄　白　乳白　その他　緑

こんもり　10〜20cm　←10〜20cm→

日照 日なた〜半日陰　耐寒性　耐暑性 普
土壌 普　寿命 普　成長速度 遅

特徴：全体が産毛に覆われたような柔らかな印象。花後の種は綿毛のようで翁を連想させる。
栽培：日本種より丈夫。乾燥を避け夏は半日陰に。

月	1	2	3	4	5	6	7	8	9	10	11	12
観賞			花	花								
			葉	葉	葉	葉	葉	葉	葉	葉	葉	
作業			植付 施肥 花後剪定									
									株分			

プリムラ

アネモネ フルゲンス
Anemone × fulgens
キンポウゲ科　地中海沿岸

桃 赤 紫 白 その他 緑

日照 日なた～半日陰　耐寒性　耐暑性
土壌 やや乾　寿命 普　成長速度 遅

特徴：原種間雑種で性質は原種に近く、素朴さ、可憐さがある。一般種の元になった。
栽培：開花後夏までに地上部が枯れ、塊根の状態で夏越しする。水はけの良い場所、日なたが適する。

月	1	2	3	4	5	6	7	8	9	10	11	12
観賞			花	花	花							
			葉									
作業			植付							植付		
		施肥		花後剪定						施肥		
		株分								株分		

プリムラ ブルガリス
プリムローズ　*Primula vulgaris*
サクラソウ科　ヨーロッパ

黄 緑 香

こんもり　8～12cm　←20～40cm→

日照 日なた～半日陰　耐寒性　耐暑性
土壌 普　寿命 普　成長速度 普

特徴：ヨーロッパで古くから親しまれている野生種。明るい淡黄色の花が株を覆うほどに咲く。
栽培：水はけの良い日なたを好むが、暖地では夏の暑さ対策として半日陰で風通しの良い場所へ。

月	1	2	3	4	5	6	7	8	9	10	11	12
観賞			花	花	花							
			葉	葉	葉	葉	葉	葉	葉	葉	葉	
作業									植付	植付		
									施肥	施肥		
									株分	株分		

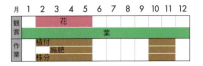

ユキワリソウ（雪割草）
オオミスミソウ
Hepatica nobilis var. *japonica* f. *magna*
キンポウゲ科　日本

桃 赤 紫 青 黄 白 乳白 その他 緑

立性　3～8cm　←10～15cm→

日照 半日陰　耐寒性　耐暑性
土壌 普　寿命 普　成長速度 遅

特徴：オオミスミソウに代表される野草。名前の通り、雪解けから春に開花する。花色が多彩。
栽培：落葉樹林下の斜面に多く自生する野草で、明るい木陰で水はけの良い環境を好む。

月	1	2	3	4	5	6	7	8	9	10	11	12
観賞		花	花	花								
			葉	葉	葉	葉	葉	葉	葉	葉		
作業		植付								植付		
		施肥								施肥		
		株分								株分		

プリムラ ベリス
カウスリップ　*Primula veris*
サクラソウ科　ヨーロッパ、中央アジア

黄 緑 香

立性　15～25cm　←20～30cm→

日照 日なた～半日陰　耐寒性　耐暑性
土壌 普　寿命 普　成長速度 普

特徴：葉は低く、花茎が伸びて房状の花を咲かせる。丈夫な野生の桜草。花に良い芳香がある。
栽培：サクラソウ類では強健で耐暑性もある。やや湿り気のある日なたで夏は日が陰る所に。

月	1	2	3	4	5	6	7	8	9	10	11	12
観賞			花	花	花							
			葉	葉	葉	葉	葉	葉	葉	葉	葉	
作業			植付							植付		
		施肥		花後剪定						施肥		
		株分								株分		

カーニバル プリムローズ
Primula vulgaris ssp. *sibthorpii*

バルカン半島で発見されたブルガリスの亜種。基本種の淡黄色と異なりピンク系の花色が特徴。基本種と同様に性質が丈夫。

プリムラ ベリス 'サンセット シェード'
Primula veris 'Sunset Shades'

黄色が基本のベリスの中から選抜された赤花の品種。赤の濃淡や黄色と赤の比率に個体差がある。性質は同じく強健。

中春 / Spring

ダブルプリムローズ
Primula × hybridus
サクラソウ科　ヨーロッパ

桃 赤 紫 青 橙
黄 白 白 その他 緑

こんもり 8〜12cm / 20〜40cm

日照：日なた〜半日陰　耐寒性：強　耐暑性：普
土壌：普　寿命：普　成長速度：普

特徴：ヨーロッパで古くから収集されてきた銘花。様々な原種の雑種で完全な八重咲き。
栽培：ジュリアンなどに比べ耐暑性が強く、暖地でも夏越し可能。日なたの方が花付きが良い。

月	1	2	3	4	5	6	7	8	9	10	11	12
観賞			花	花	花							
				葉	葉	葉	葉	葉	葉	葉		
作業			植付									
			施肥	花後剪定								
			株分									

ダブルプリムローズ'クエカーズ ボンネット'

ダブルプリムローズ'サンシャイン スージー'

ダブルプリムローズ'ドーン アンセル'

ユーフォルビア ポリクロマ
黄河　*Euphorbia polychroma*
トウダイグサ科　ヨーロッパ

黄 緑

こんもり 15〜25cm / 30〜50cm

日照：日なた　耐寒性：強　耐暑性：強
土壌：やや乾　寿命：普　成長速度：普

特徴：柔らかなドーム状の草姿。花を一斉に咲かせて明るい印象。寒さに強く冬は落葉する。
栽培：乾燥に強く土質もあまり選ばない、丈夫で手間のかからない花。日なたを好む。

月	1	2	3	4	5	6	7	8	9	10	11	12
観賞				花	花	実	実					
				葉	葉	葉	葉	葉	葉	葉		
作業			植付					切戻				
			施肥									
			株分、挿木	花後剪定								

サクラソウ(桜草)
ニホンサクラソウ　*Primula sieboldii*
サクラソウ科　北東アジア

桃 緑 香

こんもり 15〜20cm / 20〜30cm

日照：半日陰　耐寒性：強　耐暑性：普
土壌：湿　寿命：普　成長速度：普

特徴：日本を始めシベリア、中国、朝鮮半島に自生する。古くから親しまれ交配の歴史も長い。
栽培：湿り気のある草原や河川沿いに自生する。風通し良く湿度のある場所を好む。夏は日陰に。

月	1	2	3	4	5	6	7	8	9	10	11	12
観賞				花	花							
				葉	葉	葉						
作業			植付									
			施肥	花後剪定								
			株分									

アレナリア モンタナ
マウンテンデージー　*Arenaria montana*
ナデシコ科　ヨーロッパ

白 緑

這い性 5〜10cm / 20〜40cm

日照：日なた　耐寒性：強　耐暑性：普
土壌：普　寿命：普　成長速度：普

特徴：広がりのある草姿で、白いカップ型の花を一面に咲かせる。生育はやや遅い。
栽培：高山帯に自生する花で、高温多湿を嫌うため、水はけ、風通しの良い日なたで管理する。

月	1	2	3	4	5	6	7	8	9	10	11	12
観賞				花	花							
				葉	葉	葉	葉	葉	葉	葉		
作業			植付									
			施肥	花後剪定								
			株分									

フロックス ストロニフェラ 'シアウッド パープル'
ツルハナシノブ　*Phlox stolonifera* 'Sherwood Purple'
ハナシノブ科　北アメリカ

特徴：ランナーで広がり青紫色の花を一面に咲かせる。グラウンドカバーに良い。
栽培：日当たり、水はけの良い場所に。半日陰でも咲くが日なたより花色が薄く、徒長しやすい。

月	1	2	3	4	5	6	7	8	9	10	11	12
観賞			花	花	花							
					葉	葉	葉	葉	葉	葉		
作業		植付	植付							植付	植付	
		施肥	施肥		花後剪定					施肥	施肥	
		株分 挿木								株分 挿木		

オムファロデス 'チェリー イングラム'
ネーブルシード　*Omphalodes cappadocica* 'Cherry Ingram'
ムラサキ科　トルコ

特徴：ルリソウの近縁種。コンパクトな株に鮮明な青い小花がたくさん咲く姿がとても可憐。
栽培：暑さを苦手とするため、夏に日陰になる場所へ定植を。多湿を嫌うので水はけ良くする。

月	1	2	3	4	5	6	7	8	9	10	11	12
観賞			花	花	花							
					葉	葉	葉	葉	葉	葉		
作業		植付	植付							植付	植付	
		施肥	施肥		花後剪定					施肥	施肥	
		株分								株分		

オムロファロデス 'アルバ'

オムファロデス 'スターリー アイズ'
Omphalodes cappadocica 'Starry Eyes'

白地に青が入り、星形の模様になる。小花を次々に咲かせ、とても可愛らしい人気の品種。高温多湿を嫌うので水はけ良く栽培すると良い。一方で強い乾燥には注意が必要。

ラシルス 'ローゼンエルフ'
Lathyrus vernus 'Rosenelfe'
マメ科　ヨーロッパ

特徴：スイートピーの仲間だがつるにならず、コンパクトな株立ち。1cm程度の小花が咲く。
栽培：日当たりの良い場所に定植する。小型なので鉢栽培も可能。痩せ地でも生育が良い。

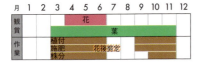

プルモナリア 'ブルー エンサイン'
ラングワート　*Pulmonaria* 'Blue Ensign'
ムラサキ科　ヨーロッパ、西アジア

特徴：花が大きく、青みの濃い品種。長命で、10年以上経過した株は無数に咲き、実に見事。
栽培：夏の強光、高温多湿を避けるため、水はけの良い半日陰に植栽を。強い乾燥には注意。

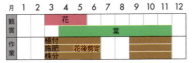

プルモナリア 'E.B. アンダーソン'
Pulmonaria longifolia 'E.B. Anderson'

丈夫なロンギフォリアの品種。個性的な斑入りの細い葉が密生して、とてもユニークな株姿。花付き良く、草丈もコンパクト。

プルモナリア 'ダイアナ クレア'
Pulmonaria longifolia 'Diana Clare'

葉に広く銀色の斑が入り、日が当たると、まるで輝いているようで美しい。花は咲き始めは青く、後にピンクに変化していく。

ブルネラ

ブルネラ 'キングス ランサム'
Brunnera macrophylla 'King's Ransom'

マクロフィラの斑入り品種。中央に銀色、外側にはクリーム色の斑が入り、明るい印象の葉色。やや小型で生育は遅い。

ブルネラ 'ルッキング グラス'
Brunnera macrophylla 'Looking Glass'

銀色の斑が特徴の'ジャック フロスト'を選抜した品種で、より斑が広く、はっきりと入る。輝く葉色と青花の組み合わせが奇麗。

ブルネラ マクロフィラ
シベリアン ブグロス　*Brunnera macrophylla*
ムラサキ科　コーカサス

特徴：春の芽吹きとともに小花を咲かせる。花後はハート形の葉が茂り、広がりのある草姿。
栽培：強光を避けられる半日陰に植栽する。水分を好むが高温多湿に注意。地下茎で広がる。

ブルネラ 'ミスターモース'
Brunnera macrophylla 'Mr.Morse'

マクロフィラの白花品種。銀色の斑が広く入り、白い花との組み合わせが爽やか。葉色は春から晩秋まで安定している。

ブルネラ 'グリーン ゴールド'
Brunnera macrophylla 'Green Gold'

マクロフィラの芽変わりで、葉が黄色く発色する個体を選抜した品種。特に芽吹きの時に明るい葉色で、後に緑に変わる。

ヒマラヤユキノシタ 'ドラゴンフライ サクラ'
Bergenia cordifolia 'Dragonfly Sakura'

セミダブル咲きの品種で、株が充実するほど花弁数が増える。濃いピンクの花色が鮮やかで美しく、冬の紅葉の発色も良い。

ワスレナグサ（勿忘草）
フォゲットミーノット　*Myosotis*
ムラサキ科　主にヨーロッパ

ヒマラヤユキノシタ
オオイワウチワ　*Bergenia × stracheyi*
ユキノシタ科　ヒマラヤ

特徴：厚い葉は光沢があり一年中常緑で、冬は紅葉する。春に花茎を伸ばして小花を咲かせる。
栽培：根茎が広がるように育つ。ある程度乾燥や多湿にも耐えられるので広範囲で植栽可能。

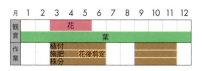

ヒマラヤユキノシタ 'ブレッシングハム ホワイト'
Bergenia 'Bressingham white'

春に花茎を伸ばし、白花を咲かせる。光沢のある緑の葉と白花の組み合わせが清々しい印象。花が比較的大輪で、葉も大きい。

特徴：可憐な青花が春を告げる。ワスレナグサは属の総称でもあり、多くの種類がある。
栽培：秋に播種、翌春に開花。暖地では夏までの一年草扱い。寒冷地ではこぼれダネで群生。

晩春
Late Spring

多くの花が咲き出し
徐々に庭が華やぐ季節。
ピークに向かって
花々の競演が始まります。

フォプシス スティローサ
ハナクルマバソウ　*Phuopsis stylosa*
アカネ科　コーカサス

這い性　15〜20cm　40〜80cm
桃　緑
日照 日なた　耐寒性　耐暑性
土壌 やや乾　寿命 普　成長速度 早

特徴：柔らかい葉がクッションのように広がり、ピンクの手まり状の花をたくさん咲かせる。
栽培：乾燥に強く多湿に弱いため、日当たり、水はけの良い場所へ植栽する。伸びたら刈り込む。

月	1	2	3	4	5	6	7	8	9	10	11	12
観賞				花				葉				
作業			植付 施肥 株分		花後剪定			切戻				

宿根アマ
リナム、ペレニアルフラックス　*Linum perenne*
アマ科　ヨーロッパ

立性　40〜60cm　30〜60cm
青　銀
日照 日なた　耐寒性　耐暑性
土壌 やや乾　寿命 短　成長速度 普

特徴：細い茎が高く立ち上がり、澄んだ青色の花を咲かせる。風に揺れる姿が可憐で美しい。
栽培：日当たり良い乾燥気味の場所へ。適地ではこぼれダネでふえる。花後剪定で返り咲きする。

月	1	2	3	4	5	6	7	8	9	10	11	12
観賞					花			葉				
作業			植付 施肥		花後剪定			切戻 株分				

宿根アマ'アルバ'
Linum perenne 'Alba'

白花の品種。春の終盤、気温が高くなる頃に咲き、清涼感のある花色、草姿は爽やかな印象をもたらす。青花と混植しても奇麗。

ジギタリス

晩春 *Spring*

ジギタリス'カメロット ラベンダー'
Digitalis purpurea 'Camelot Lavender'

明るいラベンダーピンク。開花までに要する時間が短いF1品種で、春植えでもすぐに開花するが、秋植えの方が、花数が多くなる。

ジギタリス'カメロット ローズ'
Digitalis purpurea 'Camelot Rose'

目を引くローズレッド。カメロットシリーズはF1品種で花色や草丈などの個体差が少なく、揃って咲くので群植にも向く。

ジギタリス パープレア
フォックスグローブ、キツネノテブクロ
Digitalis purpurea　オオバコ科　ヨーロッパ

立性　↑80〜120cm　←30〜50cm→

桃・緑

日照：日なた　耐寒性：強　耐暑性：弱
土壌：普　寿命：短　成長速度：早

特徴：ジギタリスの代表種。一般的な品種は、この原種を元に改良されたもの。主に二年草。

栽培：日当たり、水はけの良い場所へ植える。なるべく秋に定植し、越冬させると、花数が多くなる。

月	1	2	3	4	5	6	7	8	9	10	11	12
観賞					花	花						
観賞	葉	葉	葉	葉	葉	葉	葉	葉	葉	葉	葉	葉
作業				植付・施肥		花後剪定	花後剪定		株分	株分	株分	

ジギタリス'パムズ スプリット'
Digitalis purpurea 'Pam's Split'

白地に赤いブロッチが入る'パムズチョイス'からの変異種で、裂けた花弁が連なり、まるで松笠のような面白いフォルムが特徴。

ジギタリス'アプリコット'
Digitalis purpurea 'Apricot'

ピンクとオレンジが混ざった色で、環境により濃淡が出る。気品のある淡い色なので、バラや他の草花との組み合わせも人気。

ジギタリス'スノー シンブル'
Digitalis purpurea 'Snow Thimble'

純白のジギタリス。シンブルは裁縫用の指ぬき（ヨーロッパでは主に指サック型）を意味し、それに例えた品種名が面白い。

ジギタリス'シルバーフォックス'
Digitalis purpurea ssp. *Heywoodii*

白い綿毛に覆われた葉が特徴的。この品種が登場した当初は花色が様々だったが、近年、選抜されて写真の白花が主となった。

ジギタリス オブスクラ
Digitalis obscura

スペイン南東部およびアフリカ北部に自生する原産。細い葉が対生する個性的な草姿は、パープレア系とは一線を画している。

ジギタリス メルトネンシス
Digitalis × mertonensis

原種のグランデフロラとパープレアの交雑種。サマーキングの名もある。花を咲かせるには一般種よりも少し長い栽培期間が必要。

晩春 Spring

ジギタリス'ポルカドット ピッパ'
Digitalis 'Polkadot Pippa'

数種の原種を交雑したポルカドットシリーズの品種。タネができないため夏越しが行いやすく長命。花色はリバーシブルでやや小輪。

ジギタリス'ポルカドット ポリー'
Digitalis 'Polkadot Polly'

数種の原種を交雑したポルカドットシリーズの品種。アプリコット色で産毛に包まれた花は柔らかな印象がある。花付きが良い。

ジギタリス ラナタ
Digitalis lanata (Café Crème)

ヨーロッパ産の原種。流通名はカフェクリーム。茶色とクリーム色のツートンカラーでやや小輪。背が高く花壇の背面に良い。

ジギタリス パービフロラ
Digitalis parviflora (Milk Chocolata)

スペイン産の原種。流通名はミルクチョコレート。小さな花が密生して細長い穂状花になりユニーク。葉が厚く、耐暑性に優れる。

ハイブリッドジギタリス'イルミネーション ピンク'
ジギプレキシス

Digitalis (Digiplexis) 'Illumination Pink' 立性
オオバコ科　園芸品種

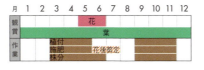

特徴：ジギタリスとイソフィレクシスの属間交配による新しい系統。花期が長く、長命。
栽培：日なたでやや乾燥気味に管理。温帯原産の交配親を持つので、寒冷地では防寒が必要。

ジギタリス'レッドスキン'
Digitalis 'Red Skin'

原種ルテアの交配種。2cm程度の小さい花が連なって咲く様子がとても可愛らしい。クリーム色の花の内側に少し赤みが入る。

ハイブリッドジギタリス'イルミネーション ラズベリー'
Digitalis (Digiplexis) 'Illumination Raspberry'

ジギタリスとイソフィレクシスの属間交配。木立ちのイソフィレクシスの性質を受け継ぎ、幹になり、わき枝からも開花する。

シダルセア 'ビアンカ'
ミニホリホック　*Sidalcea candida* 'Bianca'　立性
アオイ科　北アメリカ

白 / 緑

日照 日なた　耐寒性 強　耐暑性 強
土壌 普　寿命 普　成長速度 普

特徴：約3cmの小花を咲かせるアオイの仲間。数本の花茎を直立させ、株立ちになり姿が良い。
栽培：日当たり、水はけの良い場所に植栽する。花後は早めに刈り込んで、株を充実させる。

月	1	2	3	4	5	6	7	8	9	10	11	12
観賞					花							
				葉								
作業			植付									
			施肥		花後剪定							
			株分									

シダルセア 'リトル プリンセス'
Sidalcea 'Little Princess'

小型の改良種。コンパクトな草丈でありながら、花付きが良く、姿が美しい。花期も長い。

タマシャジン
フィテウマ　*Phyteuma scheuchzeri*　立性
キキョウ科　ヨーロッパ

青 / 緑

日照 日なた～半日陰　耐寒性 強　耐暑性 強
土壌 普　寿命 普　成長速度 遅

特徴：欧州、アルプスの石灰岩地帯に自生する高山植物だが、性質は丈夫で暑さにも耐える。
栽培：夏の高温多湿に注意し、明るい半日陰で水はけの良い場所に植栽する。鉢栽培も可能。

月	1	2	3	4	5	6	7	8	9	10	11	12
観賞					花							
				葉								
作業			植付									
			施肥		花後剪定							
			株分									

シシリンチューム 'カリフォルニア スカイ'
ニワゼキショウ　*Sisyrinchium* 'California Sky'
アヤメ科　北アメリカ

青 / 緑

日照 日なた　耐寒性 強　耐暑性 強
土壌 普　寿命 普　成長速度 遅

特徴：花が大きく、草丈はコンパクトにまとまる。花は日中にはっきり開き、他は閉じている。
栽培：寒さに強いが、やや暑さと多湿を嫌う。日当たりと排水の良い場所へ。花後は切り戻す。

月	1	2	3	4	5	6	7	8	9	10	11	12
観賞				花								
				葉								
作業			植付									
			施肥		花後剪定							
			株分									

シシリンチューム 'アイダホ スノー'
Sisyrinchium 'Idaho Snow'

庭で映える白花品種。'カリフォルニア スカイ'と同様に原種のベルムを親に持ち、花が大きく、草丈のまとまりが良い。

シシリンチューム ストリアタム
ニワゼキショウ　*Sisyrinchium striatum*　立性
アヤメ科　北アメリカ

黄 / 銀

日照 日なた　耐寒性 強　耐暑性 強
土壌 やや乾　寿命 普　成長速度 普

特徴：大型の原種。ジャーマンアイリスに似た灰緑色の葉を持つ。段になって咲く花が個性的。
栽培：多湿に弱いので、日当たり良く乾燥気味の場所に植栽。こぼれダネでふえて群生する。

月	1	2	3	4	5	6	7	8	9	10	11	12
観賞					花							
				葉								
作業			植付									
			施肥		花後剪定							
			株分									

アークトチス グランディス
ハゴロモギク　*Arctotis grandis*
キク科　南アフリカ

白　銀

特徴：白花の花芯は青みを帯び、銀灰色の葉とともに美しい。花期が長く寄せ植え、花壇に人気。
栽培：南アフリカの乾燥した岩場に自生し、日陰、多湿を嫌う。寒冷地では冬に防寒が必要。

アークトチス 'バーガンディ'
Arctotis × Hybrida 'Burgunhy'

品種の多いアークトチスにおいて、最も赤みの濃い品種。銀灰色の葉と花色のコントラストが美しい。株姿はコンパクト。

ミヤコワスレ（都忘れ）
ミヤマヨメナ　*Miyamayomena*
キク科　日本

桃　紫　青　白　その他　緑

特徴：本州以南に自生するミヤマヨメナの園芸品種。山野草の趣、風情が楽しめる人気の花。
栽培：基本的に日なただが、暑さ、強光を嫌うので夏は日陰になる場所に。強い乾燥は避ける。

コツラ ヒスピダ
ギンバカゲロウソウ　*Cotula hispida*
キク科　南アフリカ

黄　銀

特徴：毬のような葉は手触り柔らかで周年常緑。春にゆらゆらと咲く玉状の小花が愛らしい。
栽培：乾燥した日なたを好むが、土が痩せすぎていると生育が鈍い。姿が乱れたら株分けで更新。

タナセタム 'ジャックポット'
タンジー ジャックポット
Tanacetum niveum 'Jackpot'
キク科　ヨーロッパ

白　銀

特徴：銀灰色の葉と、可憐な小花。こぼれ種子でふえて群生しバラや他の草花との調和が美しい。
栽培：日当たり、水はけが良く、やや乾燥した場所で植栽。多湿にさえ注意すれば容易に育つ。

ペビリアンデージー
ドワーフデージー　*Bellium bellidioides*
キク科　地中海沿岸

立性　8〜15cm　15〜25cm

白　緑

特徴：小さな葉が苔のように密生し、1cmにも満たない小花が次々咲く。とても愛らしく人気。
栽培：高温多湿を避け、水はけ、風通し良い日なたに。鉢植えにも向く。株分けで増殖。

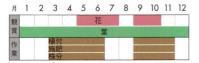

オリエンタルポピー'カルネウム'
オニゲシ
Papaver orientale 'Carneum'
ケシ科　西アジアなど

立性　50〜80cm　40〜70cm

桃　緑

特徴：大型の宿根性のポピーで、大輪の見事な花を何本も咲かせる姿は見ごたえ十分。淡いコーラルピンクに黒い目が入りインパクトがある。
栽培：西・南アジアの乾燥した砂礫地などに多く自生している。高温多湿の環境を嫌うため、日本の暖地では一年草扱いとされる場合が多いが、花後に早めに切り戻し体力を温存させる、周囲の花や草木を手入れして風通しを確保する、水はけの良い用土を使う、暑い時期の肥料を避ける、などの工夫で夏越しが可能。夏越しが心配な場合は、種を収穫し冷暗所で保存する。タネはたくさん採れるので、数輪分の種を採ったら、他の花は終わり次第切り、株を休ませる。夏に冷涼な地域では、花後の長雨に注意すれば夏越しは容易。年々大株に育ち、こぼれダネでもふえる。耐寒性は非常に強く冬は放任で良い。

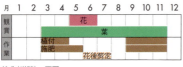

株分（増殖）不可

チョウジソウ（丁字草）
ブルースター　*Amsonia elliptica*
キョウチクトウ科　東アジア

立性　40〜60cm　40〜80cm

青　緑

特徴：種類が多いが、在来種が整った姿、花形の良さで優れる。株立ちになり、秋の紅葉も良い。
栽培：日なたで徒長せず花付きも良いが、夏は日陰の方が、生育が良い。紅葉の後に刈り込む。

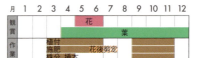

イトバチョウジソウ
Amsonia hubrichtii

アメリカ中南部原産のチョウジソウ。葉が細く、柔らかな草姿が美しい。晩春から咲く青い小花と秋冬の黄色い紅葉も魅力。

オリエンタルポピー'ロイヤル ウエディング'
Papaver orientale 'Royal Wedding'

白花のオニゲシ。花の中央に黒い目が入り、モノトーンの組み合わせが落ち着いた印象。花後早めに摘むと、花期が長くなる。

ポピー'フローレ プレノ'
Papaver rupifragum 'Flore Pleno'

花は八重咲きで中輪。こぼれダネで少しずつふえ、生育は比較的ゆっくり。明るい灰緑色の葉にも観賞価値がある。

オダマキ

セイヨウオダマキ
コランバイン　*Aquilegia vulgaris*
キンポウゲ科　ヨーロッパ

特徴：欧州原産。花色、種類が豊富。背が高くなり庭植えに向く。こぼれダネでもふえる。
栽培：日なたを好むが夏は半日陰に。強い乾燥が苦手で、ある程度の水分を好むが過湿に注意。

月	1	2	3	4	5	6	7	8	9	10	11	12
観賞					花							
						葉						
作業		植付施肥										
						花後剪定						

株分不可

オダマキ'ブラック バロー'
Aquilegia vulgaris plena 'Black Barlow'

八重咲きのバローシリーズの1つ。濃い黒花がガーデンの色彩を引き締める。こぼれダネでふえるが一重咲きになる場合がある。

オダマキ'グリーン アップルズ'
Aquilegia vulgaris plena 'Green Apples'

ブルガリスの変種・ステラタの園芸品種。蕾が開花するにつれ白く変化する様子が美しい人気種。こぼれダネでもふえる。

オダマキ'ローズ バロー'
Aquilegia vulgaris plena 'Rose Barlow'

八重咲きのバローシリーズの1つ。明るいピンクで、シリーズ中では花が大きい。草丈が高くなるので、花壇の後方などに見映えがする。

オダマキ'ウインキー レッドホワイト'
Aquilegia vulgaris 'Winky Red-White'

草丈がコンパクトにまとまるウインキーシリーズの1つ。花茎が細かく分枝し、上から横向きにたくさんの花を咲かせる。

オダマキ ヴィリディフロラ
Aquilegia viridiflora

中国、シベリアなどの原種。シックな花色が魅力で、銀灰色の切れ込んだ葉にも観賞価値がある。流通名はチョコレートソルジャー。

オダマキ'ピンク ランタン'
Aquilegia canadensis 'Pink Lanterns'

北米の原種、カナデンシスの園芸品種。ピンクの萼と白い花弁の組み合わせが良い。同系統の中では高性で草丈は50cmほど。

オダマキ'ピンク ペチコート'
Aquilegia vulgaris 'Pink Petticoat'

ブルガリスの園芸品種。ピンクと白の組み合わせが可愛らしい八重咲きの花。花茎が高く伸びる高性品種で花がよく目立つ。

オダマキ'コルベット'
Aquilegia canadensis 'Corbett'

北米の原種、カナデンシスの黄花品種。とんがり帽子のようなユニークな花を、低めの草丈からたくさん咲かせ、可愛らしい印象。

オダマキ アルピナ
Aquilegia alpina

ヨーロッパアルプス原産。花径10cmほどの花で、澄んだ群青色がとても美しい。高山性だが性質は丈夫。こぼれダネでもふえる。

タイツリソウ

タイツリソウ（鯛釣草）
ケマンソウ　*Dicentra spectabilis*
ケシ科　中国、朝鮮半島

桃　緑

日照 半日陰　耐寒性　耐暑性 弱
土壌 普　寿命 短　成長速度 普

特徴：アーチ状に伸びる花茎にハート形の花を並んで咲かせる姿が美しく、国内や海外で人気。
栽培：乾燥、高温多湿を避け、明るい半日陰に。株が衰えたら根を傷めないよう丁寧に株分する。

月	1	2	3	4	5	6	7	8	9	10	11	12
観賞				花								
				葉								
作業			植付									
			施肥		花後剪定							
			株分									

白花タイツリソウ
Dicentra spectabilis 'Alba'

ピンク種に比べると生育が穏やか。花は白く、葉色や茎も緑が淡い。ブリーディングハートというユニークな英語名がある。

タイツリソウ'バレンタイン'
Dicentra spectabilis 'Valentine'

基本種より花の赤みが濃く、内側の白い花弁との対比がはっきりとしている。葉や茎も赤みを帯び、特に春の芽吹きは色が濃い。

タイツリソウ'ゴールド ハート'
Dicentra spectabilis 'Gold Heart'

明るい黄色の葉で、特に春は色が冴える。開花の頃になると葉色が少し暗むが、ピンクの花との対比はまぶしいほど。背が高く目立つ。

サギゴケ
クリーピングマズス　*Mazus miquelii*
ハエドクソウ科（ゴマノハグサ科）日本

桃　紫　白　その他　緑

日照 日なた～半日陰　耐寒性　耐暑性
土壌 適　寿命 普　成長速度 普

特徴：低くカーペット状に地面を覆い、たくさんの小花を咲かせる。花色は白や紫などがある。
栽培：日当たりの良い、やや湿り気のある場所が向く。ある程度の踏み圧にも耐える。

月	1	2	3	4	5	6	7	8	9	10	11	12
観賞				花								
				葉								
作業			植付									
			施肥									
			株分、挿木									

クリンソウ（九輪草）
ナナカイソウ　*Primula japonica*
サクラソウ科　日本

赤　緑

日照 日なた～半日陰　耐寒性　耐暑性
土壌 適　寿命　成長速度 普

特徴：鮮やかな花色と風情を併せ持つ日本の桜草。花が段状に輪生し寺院の九輪を思わせる。
栽培：湿り気のある涼しい環境を好む。夏の日射を避けられる場所へ植栽するか、鉢植えに。

月	1	2	3	4	5	6	7	8	9	10	11	12
観賞				花								
				葉								
作業			植付									
			施肥		花後剪定							
			株分									

プリムラ'アップル ブロッサム'
Primula japonica 'Appleblossom'

クリンソウの品種。春らしい明るい桜色で、場所が華やぐ。ほのかに良い香りがある。

イブキジャコウソウ（伊吹麝香草）
ヒャクリコウ　*Thymus quinquecostatus*
シソ科　東アジア

特徴：タイムの一種。日本をはじめ東アジアに自生。花付きが良く、一面に咲き、香りも強い。
栽培：山地から海岸まで広く自生し、暑さ、寒さ、乾燥に強い。日なたに植栽し放任で良い。

月	1	2	3	4	5	6	7	8	9	10	11	12
観賞					花							
					葉	葉	葉	葉	葉	葉	葉	葉
作業			植付	植付					植付	植付	植付	
			施肥						施肥			
			株分	花後剪定					株分			

白花イブキジャコウソウ
Thymus quinquecostatus Celak. f. *albiflorus*

花付きが良く、花期には株を白く覆うように咲く。濃い緑色の葉と白花の色合いが爽やか。丈夫でグランドカバーに適す。

セラスチウム
ナツユキソウ　*Crastium tomentosum*
ナデシコ科　ヨーロッパ

特徴：白みの強い葉がカーペット状に広がる。花も白で、一面に咲き、夏雪草の名が似合う。
栽培：高温多湿で蒸れやすいので、乾き気味の日なた、斜面などに。夏に冷涼な地域に向く。

月	1	2	3	4	5	6	7	8	9	10	11	12
観賞					花	花						
					葉	葉	葉	葉	葉	葉	葉	葉
作業			植付						植付			
			施肥						施肥			
			株分	花後剪定					株分			

ラミウム 'ビーコン シルバー'
オドリコソウ　*Lamium maculatum* 'Beacon Silver'
シソ科　ヨーロッパなど

特徴：マクラツムの斑入り品種。春にたくさんの花が咲き、花期以降は美しい葉が地面を覆う。
栽培：陰地でも花付き良く、徒長しにくいため半日陰の地覆に向く。強い乾燥と日射は避ける。

月	1	2	3	4	5	6	7	8	9	10	11	12
観賞					花	花						
					葉	葉	葉	葉	葉	葉	葉	葉
作業			植付						植付			
			施肥	花後剪定					施肥			
			株分、挿木						株分、挿木			

ラミウム ガレオブドロン
ツルオドリコソウ　*Lamium galeobdolon*
シソ科　ヨーロッパなど

特徴：茎が立ち上がり黄花を咲かせる。花期以外は斑入り葉のつるが伸びて広範囲に広がる。
栽培：性質が強く、ある程度の乾燥や日射に耐える。つるがよく伸び、広い場所のカバーに適す。

月	1	2	3	4	5	6	7	8	9	10	11	12
観賞					花	花						
				葉	葉	葉	葉	葉	葉	葉	葉	
作業			植付						植付			
			施肥	花後剪定					施肥			
			株分、挿木						株分、挿木			

ユーフォルビア

ユーフォルビア'ブラック パール'
Euphorbia characias 'Black Pearl'

カラキアスの品種で黒い花が名前の由来。株立ちの独特な草姿、銀灰色の葉が魅力。この系統は花後に短く刈り込み草姿を整える。

ユーフォルビア ウルフェニー
スパージ　*Euphorbia characias* ssp.*wulfenii*
トウダイグサ科　ヨーロッパ

黄／銀
日照：日なた　耐寒性：強　耐暑性
土壌：やや乾　寿命：長　成長速度：普
立性 80〜120cm ←50〜70cm→

特徴：銀灰色の葉が整然と並び、美しいカラキアス系の代表種。欧米ではよく普及している。
栽培：日当たりの良い乾燥地に植栽する。鉢栽培でも雰囲気が良い。寒冷地では強い霜に注意。

月	1	2	3	4	5	6	7	8	9	10	11	12
観賞				花	花	花						
				葉	葉	葉	葉	葉	葉	葉	葉	葉
作業		植付 施肥					花後剪定			植付 施肥		

株分不可

ユーフォルビア'アスコット レインボー'
Euphorbia × *martinii* 'Ascot Rainbow'

マーティニーの斑入り品種。この系統は茎に赤みが出るため、黄色の斑との色合いが鮮やか。株姿がコンパクトにまとまる。

ユーフォルビア'ブラック バード'
Euphorbia × *martinii* 'Black Bird'

マーティニーの品種。濃い黒赤色の葉で、周年ほとんど退色しない。株姿がコンパクトにまとまり、姿が良い。花は赤褐色。

ユーフォルビア'ファイヤー グロウ'
Euphorbia griffithii 'Fire glow'
トウダイグサ科　ブータン、中国など

橙／緑
日照：日なた　耐寒性　耐暑性：強
土壌：普　寿命：長　成長速度：早
立性 60〜90cm ←80〜120cm→

特徴：グリフィティの選抜品種。鮮やかなオレンジ色の包葉が特徴。性質が極めて強く丈夫。
栽培：日当たり、水はけの良い場所へ植栽する。地下茎で広範囲に広がるので場所が必要。

月	1	2	3	4	5	6	7	8	9	10	11	12
観賞				花	花							
				葉	葉	葉	葉	葉	葉	葉		
作業		植付 施肥 株分、挿木				花後剪定						

ユーフォルビア'カメレオン'
Euphorbia dulcis 'Chameleon'
トウダイグサ科　ヨーロッパ

緑／銅
日照：日なた　耐寒性　耐暑性：強
土壌：やや乾　寿命：長　成長速度：普
立性 30〜60cm ←50〜80cm→

特徴：ダルキスの選抜種。チョコレート色の葉で、茎が細く柔らかい。ドーム状の株姿になる。
栽培：やや乾燥気味の日なたに植栽する。落葉種なので紅葉、落葉後に株元まで切り詰める。

月	1	2	3	4	5	6	7	8	9	10	11	12
観賞				花	花							
				葉	葉	葉	葉	葉	葉	葉		
作業		植付 施肥 株分、挿木				花後剪定					切戻	

ユーフォルビア'パープレア'
Euphorbia amygdaloides 'Purpurea'

アミグダロイデスの選抜種で古くからある著名な品種。気温が低いほど葉が紫がかる。花は黄色で葉色との対比が良い。性質が丈夫。

サポナリア オキモイデス
ロックソープワート　*Saponaria ocymoides*
ナデシコ科　ヨーロッパ

特徴：枝が這うように横に広がり、小花を一面に咲かせる。柔らかいクッション状の草姿。

栽培：性質が丈夫。日なたのやや乾燥した場所に植える。ロックガーデンや狭小地のカバーに。

サポナリア'スノー チップ'
Saponaria ocymoides 'Snow Tip'

ロックソープワートの白花品種。花付きが抜群に良く、花期には株を真っ白に覆うよう。日なたを好み、日陰ではやや花が減る。

リクニス フロスククリ
カッコウセンノウ　*Silene flos-cuculi*
ナデシコ科　ヨーロッパ

特徴：ヨーロッパの固有種で、湿り気のある牧草地や道路沿いに自生する。

栽培：強い乾燥を嫌い、やや湿り気のある日なたか明るい半日陰に植栽。こぼれダネでふえる。

リクニス'ホワイト ロビン'
Silene flos-cuculi 'White Robin'

フロスククリの白花種。株が広がり、こぼれダネでも群生する。葉は低く生育し、花期になると多くの花茎を立ち上げ一斉に咲く。

リクニス'ジェニー'
Silene flos-cuculi 'Jenny'

フロスククリの多弁咲き品種。細かい花弁が密に重なり、ボリュームのあるポンポン咲きになる。原種に比べると生育は遅い。

ダイアンサス

タツタナデシコ（龍田撫子）
サクラナデシコ　*Dianthus plumarius*
ナデシコ科　ヨーロッパ、シベリア

特徴：青みがかる銀灰色の葉がこんもり密生し、周年常緑。明るいピンクの花がたくさん咲く。
栽培：生育はゆっくりだが、丈夫で年々広がる。高温多湿を嫌うので日なたの乾燥地へ植える。

ダイアンサス'ソーティー'
Dianthus barbatus nigrescens 'Sooty'
ナデシコ科　ヨーロッパ、ロシア

特徴：髭ナデシコ、美女ナデシコと呼ばれるバルバタスの品種で、黒に近い花色。葉色も濃い。
栽培：多湿に注意し、日当たり、水はけの良い場所に。戸外で低温に当てると花数が多くなる。

ダイアンサス テマリソウ
Dianthus barbatus

バルバタスの品種。花は退化し見えないが、細かいガクが密集しボール状になる、とても面白い花。切花としても人気が高い。

ダイアンサス'アークティック ファイヤー'
Dianthus deltoides 'Arctic Fire'
ナデシコ科　ヨーロッパ

特徴：とても小さな花が群れ咲くデルトイデスの品種。白に赤目の目立つ小花が無数に咲く。
栽培：高温多湿に弱く、猛暑地では一年草扱い。風通し、水はけの良い日なたに植栽する。

ダイアンサス クルエンタス
ブラッドカーネーション　*Dianthus cruentus*
ナデシコ科　バルカン半島

特徴：原種のナデシコ。低く茂る株から細い花茎を高く伸ばし、赤い小花を密集して咲かせる。
栽培：葉が短く密生するので蒸れに注意。やや乾燥気味の日なたに植える。生育が遅い小型種。

ダイアンサス ナッピー
ホタルナデシコ　*Dianthus knappii*
ナデシコ科　ヨーロッパ

特徴：和名はホタルナデシコ。名前のとおり黄色の小花が舞うように咲く。小型で可愛い原種。
栽培：日当たり、水はけの良い場所へ植える。徒長するので多肥は避け、花後早めに切り戻す。

アリウム

アリウム ギガンチューム
ハナネギ、ジャイアントオニオン　*Allium giganteum*
ネギ科（ユリ科）
ユーラシア、アフリカなど

桃　緑

日照 日なた　耐寒性　耐暑性
土壌 やや乾　寿命 普　成長速度 普

特徴：大きな花で、花茎が細いため、まるで花が浮いているような視覚的効果がある。ガーデンの後方や、低い草花と組み合わせると、動きのある植栽に仕上がる。ヨーロッパで特に人気があり、多く使用されている。切り花も人気。

栽培：日当たり、水はけの良い場所に植栽する。強い乾燥を嫌うが、長期間湿りっぱなしの場所では腐りやすい。冷涼な気候を好み、夏季涼しい地域では放任で良いが、暖地では地熱が上がらないよう株元を日陰にする。植え付け適期は秋。石灰を施し弱アルカリ性に中和しておく。春に開花し、花色が退色してきたら、早めに花茎を切る。タネを付けさせると翌年咲かないことがあるので注意。夏には葉は徐々に枯れるが、球根を太らせるためになるべく残す。場所が合えば、数年は植えたままで良い。

アリウム'ホワイト ジャイアント'
Allium stipitatum 'White Giant'
スティピタムの白花で大輪の改良品種。ギガンチュームよりは小さいが、大きめの花を咲かせる。花茎が長く伸びる特徴がある。

アリウム'グレイスフル'
Allium amplectens 'Graceful'
北米産の原種アンプレクテンスの選抜品種。白い花に映える紫色の雄しべが特徴。小さめの花を咲かせる小型のアリウム。

アリウム チャイブ
Allium schoenoprasum
別名はセイヨウアサツキで食用にもなるが、ポンポン状の花をたくさん咲かせるので観賞用としても利用価値が高い。性質が丈夫。

アリウム モーリー
Allium moly
地中海沿岸に自生する黄花の原種。コンパクトな草丈で、星型の花を咲かせる。ヨーロッパでは食用や薬用にも利用されている。

ネクタロスコルダム シクラム
Nectaroscordum siculum subsp. *Bulgaricum*
トルコ、ブルガリアに自生。シックな花色のベル咲き。耐寒、耐暑性に優れ丈夫で放任可。アリウムの近縁種で育て方は準ずる。

晩春 *Spring*

フロックス

フロックス'ビルベーカー'
Phlox carolina 'Bill Baker'
ハナシノブ科　アメリカ東部

立性 30〜40cm / 40〜80cm

桃　緑

日照 日なた｜耐寒性｜耐暑性
土壌 普｜寿命 普｜成長速度 普

特徴：カロリナの園芸品種。性質が強健で、広がるように生育し群生。一面に花を咲かせる。
栽培：日当たり、水はけの良い場所に植える。花がらをこまめに摘むと3ヵ月近く楽しめる。

月	1	2	3	4	5	6	7	8	9	10	11	12
観賞					花							
						葉						
作業			植付									
			施肥	花後剪定								
			株分・挿木									

フロックス'ホワイト パヒューム'
Phlox divaricata 'White Perfume'
ハナシノブ科　カナダ

立性 15〜30cm / 40〜60cm

白　緑　香

日照 日なた｜耐寒性｜耐暑性
土壌 普｜寿命 普｜成長速度 普

特徴：ディバリカータの園芸品種。葉茎が細く柔らかな草姿。芳香花をたくさん咲かせる。
栽培：日当たり、水はけの良い場所へ植栽する。少しずつ広がるが、あまり広範囲にはならない。

月	1	2	3	4	5	6	7	8	9	10	11	12
観賞				花								
					葉							
作業			植付									
			施肥	花後剪定								
			株分・挿木									

フロックス ピロサ
コンペキソウ　*Phlox pilosa*
ハナシノブ科　アメリカ

立性 20〜30cm / 40〜60cm

桃　緑

日照 日なた｜耐寒性｜耐暑性
土壌 普｜寿命 普｜成長速度 普

特徴：アメリカ原産の小型フロックス。茎がしなやかで、桜色の花が風に揺れる様子が可憐。
栽培：日当たりから半日陰の水はけの良い場所を好む。高温多湿を嫌うので通風を確保する。

月	1	2	3	4	5	6	7	8	9	10	11	12
観賞				花								
					葉							
作業			植付									
			施肥	花後剪定								
			株分・挿木									

フロックス'ムーディ ブルー'
Phlox 'Moody Blue'

ピロサの交配種で、淡いパステルブルーに赤目が入る。生育はやや遅いが、花色が美しく人気がある。

フロックス'ブルー パヒューム'
Phlox divaricata 'Blue Perfume' ('Clouds of Perfume)

花期になると株を覆うように淡いブルーの花を咲かせ、良い香りを漂わせる。寒さ、暑さに強く、土質も選ばない丈夫な性質。

フロックス'モントローザ トリカラー'
Phlox divaricata 'Montrose Tricolor'

ディバリカータの品種。葉に入る白い斑は季節によりピンクを帯びる。パステル調の花色と葉の組み合わせが美しい。芳香花。

シャクヤク(芍薬)

チャイニーズペオニー　*Paeonia lactiflora*
ボタン科　中国、シベリア

特徴：ボタンの仲間。木質化するボタンに対し、シャクヤクは草立ちで冬に落葉、休眠する。耐寒性、耐暑性が強く丈夫なうえ、難しい管理なしでも見事な花を咲かせるため、広く親しまれている。ボタンの台木としても使用される。

栽培：日当たりの良い場所に植栽するか、鉢植えに。日陰では花が減る。肥沃な土で、適度に肥料も与える。花後はタネになる前に摘み取り、夏越しの体力を温存させる。多湿になると病気が発生することがあるため、風通しを良くし、必要であれば予防消毒をする。大株は夏秋に弱い芽を切り、太く勢いのある芽を残すことで、翌年も咲きやすい。また、古株は、秋に株分けをして更新すると勢いが戻る。苗の定植は冬前には行い、路地でしっかりと寒さに当てて越冬させる。寒さに強く放任で良い。

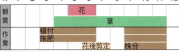

シャクヤク'牡丹競'

シャクヤク'花筏'

シャクヤク'玉貌'

スカビオサ'パーフェクタ'

コーカサスマツムシソウ　*Scabiosa caucasica* 'Perfecta'
マツムシソウ科　コーカサス

特徴：コーカサス原産の大輪花。一輪でも見ごたえがあり、切り花でも人気がある。

栽培：高温多湿が苦手なため暖地では一年草扱いだが、水はけの良い半日陰で夏越しが可能。

スカビオサ'ホワイト クイーン'

Scabiosa caucasica 'White Queen'

白い大輪の花がとても美しいコーカシカの品種。早めの花がら摘みで花期も長くなる。暑さを嫌うため夏は涼しいところで管理する。

シラン(紫蘭)

コウラン　*Bletilla striata*
ラン科　日本

特徴：日本の野生ランで性質が丈夫。庭植え、鉢植えなど用途が広く、ほとんど放任でよい。

栽培：日なたからやや半日陰が良い。暖地は夏に半日陰になる所に。寒冷地では冬に防寒する。

ルピナス
ノボリフジ（昇り藤） *Lupinus polyphyllus hybrid*
マメ科　北アメリカ

特徴：暖地では夏までの一年草扱いだが、寒冷地では夏越しも容易で大株に育つ。
栽培：日当たりと水はけの良い場所に植える。寒さに強いため、苗は秋植えがよい。

株分　不可

アルケミラ モリス
レディースマントル　*Alchemilla mollis*
バラ科　ヨーロッパ

特徴：産毛のある広い葉と黄緑色の花の組み合わせに自然な美しさ。ハーブとしても使用。
栽培：寒冷地では日なた、暖地では葉焼けに注意し半日陰に植栽する。多湿を避け風通し良く。

クラウンベッチ
コロニラ バリア　*Coronilla varia*
マメ科　ヨーロッパ

特徴：一面に咲く玉状の小花が美しい。元来牧草用なので株が広範囲に広がる。
栽培：日なたを好み、暑さ寒さ、乾燥にも強く、土質も選ばない。間引きで広がりを限定する。

施肥　不要

初 夏
Early Summer

初夏は、晩春とともに
宿根草がもっとも
輝きを放つ時期です。

マルバストラム ラテリティウム
ハイアオイ　*Malvastrum lateritium*
アオイ科　南アメリカ

這い性 15〜25cm / 60〜80cm

特徴：茎が横に広がるはい性のアオイ。杏色の丸弁花を一面に咲かせる。耐暑性が強い。
栽培：日なたで水はけの良い場所へ植栽。這って伸びる枝からも根が出て広範囲に広がる。

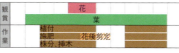

ポピーマロウ
カリホー　*Callirhoe involucrata*
アオイ科　北アメリカ

這い性 10〜20cm / 40〜60cm

特徴：はい性で広がるように生育。鮮やかな蛍光色の花は一見アオイの仲間には見えない。
栽培：寒さに強く、暑さや乾燥にある程度耐えるが、高温多湿を嫌う。日なたの斜面に向く。

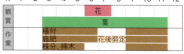

エノテラ スペシオサ
ヒルザキツキミソウ　*Oenothera speciosa*
アカバナ科　アメリカ

立性 20〜40cm / 30〜60cm

特徴：別名は昼咲き月見草。地下茎やこぼれダネでふえて群生し一面に咲く。痩せ地にも強い。
栽培：日当たりの良い、乾きやすい場所へ植栽する。日陰や肥沃な場所では徒長し花も減る。

ヤナギラン（柳蘭）
ファイヤーウィード　*Epilobium angustifolium*
アカバナ科　日本

立性 80〜120cm / 40〜60cm

特徴：爽やかな印象がある高原の花。高冷地では群生し、一面に咲き、とても見事になる。
栽培：水はけ、風通し良い日なたが向く。夏に半日陰の涼しい環境であれば暖地でも夏越し可。

マロウ

コモンマロウ
ウスベニアオイ(薄紅葵)　*Malva sylvestris*
アオイ科　ヨーロッパ

桃　緑　香

日照　日なた　耐寒性　耐暑性
土壌　普　寿命　長　成長速度　普

特徴：背が高くなる大型のアオイ。花はハーブティーとして人気がある。
栽培：日当たり、水はけの良い場所に植栽。花後の剪定程度で手間がかからず、栽培が容易。

月	1	2	3	4	5	6	7	8	9	10	11	12
観賞						花	花					
			葉	葉	葉	葉	葉	葉	葉	葉		
作業			植付									
			施肥			花後剪定						
			株分・挿木									

マルバ'ブルー ファウンテン'
Malva sylvestris 'Blue Fountain'

コモンマロウの品種。淡青に紫色のラインが入る花色が美しく人気がある。寒さ暑さに強く丈夫だが、基本種より生育がやや遅い。

ムスクマロウ
ジャコウアオイ(麝香葵)　*Malva moschata*
アオイ科　ヨーロッパ

桃　緑　香

日照　日なた　耐寒性　耐暑性
土壌　普　寿命　普　成長速度　普

特徴：和名は麝香の香りに由来し、全草に芳香がある。株は越年し、こぼれダネでもふえる。
栽培：高温多湿を嫌い、水はけの良い日なたで栽培。冷涼な地域では育てやすく、よくふえる。

月	1	2	3	4	5	6	7	8	9	10	11	12
観賞					花	花						
				葉	葉	葉	葉	葉	葉	葉		
作業			植付									
			施肥			花後剪定						
			株分・挿木									

ムスクマロウ'アルバ'
Malva moschata 'Alba'

白花の品種。初夏〜盛夏によく咲き、緑色の葉と白花の組み合わせが爽やか。ムスクマロウはハーブとしても利用される。

ムスクマロウ'アップル ブロッサム'
Malva moschata 'Appleblossom'

ムスクマロウの改良品種。基本種より花色が淡く、より白に近いピンク色。花付きも良く、秋近くまで繰り返しよく咲く。

ガウラ

ガウラ'ソー ホワイト'
ハクチョウソウ
Gaura lindheimeri 'So White'
アカバナ科　北アメリカ

白／緑

日照：日なた　耐寒性　耐暑性
土壌：普　寿命：普　成長速度：早

特徴：ガウラの白花品種。一般種は花や蕾に赤みを帯びるが、本種は花全体が白で葉色は明るい緑。背が高く伸びるが、花茎が直立し、倒れにくい品種のため、姿が整っておりボーダーガーデンの後方にも良い。群植にすると特に見事。

栽培：ガウラは寒さ、暑さに耐え、土質も選ばない丈夫な多年草。日なたで水はけが良い場所へ植える。逆に水分が多い肥沃な場所や日陰は、徒長して株が倒れたり、花付きが悪くなる。初夏から冬まで次々と開花するが、伸びながら咲き続けるため適度な剪定をしないと株姿が乱れる。夏に、ある程度咲き進んだら思い切って株元まで切り詰めると、秋の花も姿良く開花する。冬、気温が零下になるまで咲き続けるが、倒れる前に短く切り戻して越冬させる。冬は常緑で、暖地では葉がほとんど落ちず越冬する。

月	1	2	3	4	5	6	7	8	9	10	11	12
観賞						花						
			葉									
作業		植付・施肥										
		摘心			花後剪定							
		株分、挿木										

ガウラ'シスキュー ピンク'
Gaura lindheimeri 'Siskiyou Pink'

花色が濃く、鮮やかなピンクの選抜品種。花付きも良い。白花種と違い、葉色も濃く、特に温度が低い時期は深い銅色になる。

ガウラ'ベインズ フェアリー'
Gaura lindheimeri 'Baynes Fairy'
アカバナ科　北アメリカ

白／緑

日照：日なた　耐寒性　耐暑性
土壌：普　寿命：普　成長速度：早

特徴：草丈が低い改良種。花付き良く、姿のまとまりが良い。やや赤みを帯びる白花の品種。
栽培：満開を迎えたら株を切り戻す程度で、他の時期は剪定が不要。多湿による蒸れに注意。

月	1	2	3	4	5	6	7	8	9	10	11	12
観賞						花						
			葉									
作業		植付・施肥										
		株分、挿木			花後剪定							

ガウラ'フェアリーズ ソング'
Gaura lindheimeri 'Fairy's Song'

草丈が低い改良種。生育がゆっくりで扱いやすい。花色はピンクで、他種よりも花茎が真っ直ぐ立ちやすい。葉も紅色を帯びる。

ガウラ'サマー エモーション'
Gaura lindheimeri 'Summer Emotions'

草丈が低い改良種。白花で外側にピンクの縁取りが囲み、可愛らしい花色。ピンク、白の無地の花もランダムに混ざる。

ベロニカ

ベロニカ ロンギフォリアが咲く庭。

ベロニカ'クレーター レイク ブルー'
Veronica austriaca subsp. *teucrium* 'Crater Lake Blue'
オオバコ科（ゴマノハグサ科）ヨーロッパ

青　緑

立性 30〜40cm
←30〜50cm→

日照 日なた　耐寒性　耐暑性 強
土壌 普　寿命 普　成長速度 遅

特徴：ベロニカ テウクリウムの濃色選抜種。細い花茎が一斉に立ち、ドーム状に花を咲かせる。
栽培：日当たり、水はけの良い場所へ。日陰で徒長しやすいので花期には周囲の草花の整理を。

月	1	2	3	4	5	6	7	8	9	10	11	12
観賞					花							
					葉							
作業			植付・施肥							切葉		
						花後剪定						
			株分、挿木									

ベロニカ'レッド フォックス'
Veronica spicata 'Red Fox'

スピカータの品種。この系統は小型のものが多く、花穂も短い品種が多いが、本種は花穂がすらりと長く、濃いローズレッドが目を引く。

ベロニカ'ウルスター ブルードワーフ'
ルリトラノオ
Veronica spicata 'Ulster Blue Dwarf'
オオバコ科（ゴマノハグサ科）ヨーロッパ

特徴：スピカータの品種。小さい花が密集する奇麗な花穂で、花上がりが良い。性質が丈夫。
栽培：多湿な環境を嫌うので、水はけの良い日なたへ植栽。ある程度肥沃な土だと生育が良い。

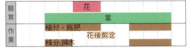

ベロニカ ロンギフォリア
セイヨウトラノオ　*Veronica longifolia*
オオバコ科（ゴマノハグサ科）ヨーロッパ

特徴：ヨーロッパ産の大型種。背が高く、株張りも大きくなるので見応えがある。性質が丈夫。
栽培：水はけの良い日なたへ植栽。花期によく伸び、乾きやすくなるため、水切れに注意。

ベロニカ ロンギフォリア'アルバ'
Veronica longifolia 'Alba'

ロンギフォリアの品種。純白の花が次々に立ち上がり、美しい。花後は早めに切り戻し、株を休ませると体力が衰えにくい。

ベロニカ ロンギフォリア'シャーロット'
Veronica longifolia 'Charlott'

ロンギフォリア'アルバ'の斑入り品種。淡い緑に白い斑が入り、白い花との組み合わせが美しく、暑い季節に清涼感がある。

ベロニカ ロンギフォリア'ピンク シェード'
Veronica longifolia 'Pink Shades'

ロンギフォリアの品種。淡いピンクの花が可憐。花茎が真っすぐ立ち、花期の姿が良い。原種に比べウドンコ病の耐性がある。

初夏 *Summer*

ペンステモン

ペンステモン 'ハスカーレッド'
Penstemon digitalis 'Husker Red'
オオバコ科(ゴマノハグサ科)　北アメリカ

白　銅

立性　60〜100cm　←40〜60cm→

日照 日なた　耐寒性　耐暑性
土壌 普　寿命 普　成長速度 普

特徴：暑さ、寒さ、乾燥にも耐え、とても強健。ペンステモンの中でも抜群に育てやすい。銅葉が特徴で、春の芽吹きは特に濃い赤紫色になる。花とのコントラストが美しい。花後実が成り、これを切り花にするのも面白い。株も越年し、こぼれダネでもふえるので適地では群生する。葉色の濃い選抜品種のため、こぼれダネでふえた個体は先祖返りして淡い葉色が多くなる。

栽培：日当たりの良い場所へ植栽する。ある程度の日陰には耐えられるが葉色が淡くなったり、徒長するので注意。乾燥には強いが、多湿には弱い。痩せ地でも生育するが、数年経過し株の勢いが衰えてきたら株分けをして植えなおす。肥料も多く必要とせず、剪定も花後に切り戻す程度で、ほとんど手間がかからない。冬も常緑で葉がそのまま残るため観賞できる。

月	1	2	3	4	5	6	7	8	9	10	11	12
観賞					花							
						葉						
作業			植付・施肥									
						花後剪定						
			株分									

ペンステモン 'エレクトリック ブルー'
Penstemon heterophyllus 'Electric Blue'
オオバコ科(ゴマノハグサ科)　北アメリカ

青　緑

立性　30〜50cm　←20〜40cm→

日照 日なた　耐寒性　耐暑性
土壌 普　寿命 短　成長速度 普

特徴：ヘテロフィルスの選抜種。透き通るようなブルーが特徴。低くコンパクトに生育する。
栽培：高温多湿に弱く、暖地では一年草扱いの場合も。なるべく風通し、水はけ良い場所へ。

月	1	2	3	4	5	6	7	8	9	10	11	12
観賞					花							
						葉						
作業			植付・施肥									
						花後剪定						
			株分									

ペンステモン バルバツス
ヤナギチョウジ　*Penstemon barbatus*
オオバコ科(ゴマノハグサ科)　北アメリカ

赤　緑

立性　60〜100cm　←30〜50cm→

日照 日なた　耐寒性　耐暑性 強
土壌 普　寿命 普　成長速度 普

特徴：主にアメリカ西部に自生する原種。2cmほどの朱赤のよく目立つ花色で、花付きがとても良い。大株になると数え切れないほど花が咲く。日本でもヤナギチョウジなどと呼ばれて古くから親しまれている。より赤みの強い選抜品種や、花色の淡い個体もある。

栽培：耐寒性、耐暑性があり、日なたの植栽に向く。高温多湿を嫌い、乾きにくい環境ではよく育たない。日陰では生育が悪く、株元が日陰にならないようにする。他のペンステモンに比べ肥料を好むので、生育が思わしくない場合は緩効性肥料を与えると良い。数年経ち、株に勢いがなくなってきたら、更新を兼ねて株分する。株分の際は、大きめに分けると良い。

月	1	2	3	4	5	6	7	8	9	10	11	12
観賞					花							
						葉						
作業			植付・施肥									
						花後剪定						
			株分									

初夏 *Summer*

ペンステモン グランディフロラス
Penstemon grandiflorus
オオバコ科(ゴマノハグサ科)　北アメリカ

特徴：北米産の原種。名前のとおり、大きめの花を咲かせ、銀灰色の葉との色合いが美しい。
栽培：乾燥に強く、日なたの植栽やロックガーデンに向く。多湿、日陰は避ける。生育は遅い。

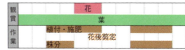

ペンステモン 'ブラックバード'
ツリガネヤナギ　*Penstemon* 'Blackbird'
オオバコ科(ゴマノハグサ科)　園芸種

特徴：カンパニュラタスの交配種。長く伸びる花茎に、鮮やかな花を付けアーチ状に垂れる。
栽培：水はけの良い日なたで育てる。耐寒性があり冬も常緑だが、極寒冷地では防寒が必要。

ペンステモン スモーリー
Penstemon smallii
オオバコ科(ゴマノハグサ科)　北アメリカ

特徴：薄紫で花の内側が白の2色咲き。花立ち良く、大株になると見事。丈夫で育てやすい。
栽培：水はけの良い日なたに植える。他種に比べて多少の日陰、多湿に耐える丈夫な性質。

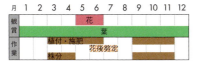

オキシペタラム 'ブルー スター'
ルリトウワタ
Oxypetalum caeruleum (Tweedia caerulea) 'Blue Star'
キョウチクトウ科　南アメリカ

特徴：淡いブルーの星型の花。四季咲き性があり花期が長い。花色が美しいので切り花も人気。
栽培：高温多湿に注意し乾燥気味に育てる。花後は株元数節を残して短く切り戻し、姿を整える。寒冷地では冬に取り込み、防寒する。

リナリア パープレア 🏅
ムラサキウンラン　*Linaria purpurea*
オオバコ科（ゴマノハグサ科）　地中海沿岸

紫　緑

立性　60〜100cm　←30〜50cm→

日照 日なた｜耐寒性 強｜耐暑性 普
土壌 やや乾｜寿命 短｜成長速度 普

特徴：原種のリナリア。銀灰色の葉と高く伸びる花茎が特徴。広範囲に広がる。人気種。
栽培：やや乾燥した日なたで石灰質の場所を好む。適地では越年し、こぼれダネでふえる。

リナリア 'キャノン ジェイ ウェント'
Linaria purpurea 'Canon J Went'

茎が高く伸びて可憐な桜色の花を咲かせる。銀灰色の葉との対比も良い。原種（紫色）に比べて、こぼれダネではあまりふえない。

リナリア 'アルバ'
Linaria purpurea 'Alba'

白花種。原種（紫色）に比べ花期が長く、四季咲き性があり、花後に切り戻すと繰り返し開花する。こぼれダネではあまりふえない。

ヤシオネ ラエヴィス
Jasione laevis
キキョウ科　ヨーロッパ

青　緑

立性　15〜25cm　←20〜40cm→

日照 日なた〜半日陰｜耐寒性 強｜耐暑性 弱
土壌 普｜寿命 短｜成長速度 遅

特徴：ボール状の青い花が美しい多年草。葉は低く育つ。暖地では一、二年草扱いの場合も。
栽培：高山性があり、高温多湿を避ける。ロックガーデンなどに。暖地では半日陰で夏越しを。

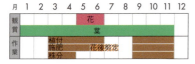

セントランサス ルブラ
ベニカノコソウ　*Centranthus ruber*
スイカズラ科　南ヨーロッパ

赤　緑

立性　40〜60cm　←40〜60cm→

日照 日なた〜半日陰｜耐寒性 強｜耐暑性 強
土壌 やや乾｜寿命 普｜成長速度 普

特徴：紅色の小花が房状にたくさん咲き美しい。花に淡い芳香があり、切り花用にも栽培。
栽培：水はけの良い日なたが適地で、こぼれダネでもふえる。冬も常緑で、紅葉して越冬する。

セントランサス ルブラ 'スノークラウド'
Centranthus ruber 'Snowcloud'

ベニカノコソウの品種。白花がドーム状の姿に咲き揃う。バラの最盛期に咲く花で、ローズガーデンの下草としても人気がある。

アキレア ミレフォリウム

セイヨウノコギリソウ、コモンヤロウ
Achillea millefolium
キク科　ヨーロッパ

立性
50〜80cm
←60〜120cm→

白　緑

日照 日なた　耐寒性　耐暑性
土壌 やや乾　寿命 長　成長速度 早

特徴：アキレアの品種はミレニフォリウムを基としたものが多く、様々な園芸品種があり、花色も豊富。ヨーロッパではコモンヤロウの名で親しまれ、植栽用のほか、薬用ハーブとしても使用されてきた。耐寒、耐暑性に優れ、日本の気候に合っているため、国内でも古くからノコギリソウの名で親しまれている。地下茎やこぼれダネで広範囲に広がるものもあるが、近年では小型でまとまりの良い品種が多い。

栽培：性質は極めて強健で、庭植えで放任で良い。一日中日が当たりよく風が通る、やや乾いた場所に向く。日照が不十分だと徒長しやすく、花付きが劣る。場所が合えば、地下茎やこぼれダネで広がり一面に花が咲く。肥料はあまり必要なく痩せ地でも育つ。逆に多肥や肥沃な土壌により徒長したり、葉の茂り過ぎで花が減る。

月	1	2	3	4	5	6	7	8	9	10	11	12
観賞					花	花			花			
					葉	葉	葉	葉	葉			
作業		植付・施肥										
					花後剪定							
	株分・挿木											

アーティチョーク

チョウセンアザミ　*Cynara scolymus*
キク科　地中海沿岸

個性的
100〜200cm
←80〜150cm→

紫　緑

日照 日なた　耐寒性　耐暑性
土壌 やや乾　寿命 普　成長速度 普

特徴：大柄な株姿で、花も大きくインパクトがある。つぼみを食用にするハーブとしても有名。

栽培：日当たり、水はけの良い場所に植栽する。日陰や多湿、強い乾燥を嫌うので注意。

月	1	2	3	4	5	6	7	8	9	10	11	12
観賞					花	花						
					葉	葉	葉	葉				
作業		植付・施肥					花後剪定					
			株分									

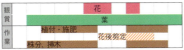

アキレア'ピーチ セダクション'

Achillea millefolium 'Peachy Seduction'

草丈が低く、花付き良い改良品種。花が揃って咲き、姿が良い。咲き始めはピンクで、徐々に黄色を帯び、アプリコット色に変わる。

アキレア'ノブレッサ'

Achillea ptarmica fl.pl. 'Noblessa'

ヨーロッパ、北米に自生する原種プタミカの改良種。玉のような奇麗な八重咲きで、草丈が低く、花上がりが良い。

アキレア'テラコッタ'

Achillea millefolium 'Terra Cotta'

ミレニフォリウムの品種。咲き始め黄色で、咲き進むとオレンジ、後にテラコッタ色に変わる。銀灰色の葉にも観賞価値がある。

プラティア アングラータ

エクボソウ　*Lobelia angulata*
キキョウ科　ニュージーランド

這い性
3〜5cm
←60cm以上→

白　緑

日照 日なた〜半日陰　耐寒性　耐暑性
土壌 普　寿命 普　成長速度 普

特徴：小葉がマット状に広がり、白い扇型の小花がたくさん咲く。花期が長く、繰り返し咲く。

栽培：日なたを好むが葉焼けに注意が必要。夏は陰る場所が良い。高温多湿を避け水はけ良く。

月	1	2	3	4	5	6	7	8	9	10	11	12
観賞					花	花			花	花		
					葉	葉	葉	葉	葉	葉		
作業		植付										
		施肥										
	株分・挿木											

初夏 *Summer*

カンパニュラ

カンパニュラ パーシフォリア
モモバキキョウ　*Campanula persicifolia*
キキョウ科　ヨーロッパ

青　緑

日照 日なた〜半日陰　耐寒性　耐暑性
土壌 普　寿命 普　成長速度 普

立性　60↑100cm　←30〜50cm→

特徴：背が高くなり、大輪の花を咲かせる。花がカップ型で美しく、切り花用にも栽培される。
栽培：日なたから明るい半日陰に植栽。高温多湿を嫌うので、水はけ、風通し良く管理する。

月	1	2	3	4	5	6	7	8	9	10	11	12
観賞					花							
				葉								
作業		植付・施肥								植付・施肥		
						花後剪定						
		株分										

カンパニュラ パーシフォリア'アルバ'
Campanula persicifolia 'Alba'

形の良いカップ型の花で、白く透き通ったような花色が美しい。開花まで時間を要すため、露地植えにして越冬させると良い。

カンパニュラ グロメラータ
ヤツシロソウ　*Campanula glomerata*
キキョウ科　ユーラシアの北部温帯

紫　緑

日照 日なた〜半日陰　耐寒性　耐暑性
土壌 普　寿命 普　成長速度 普

立性　50〜80cm　←40〜60cm→

特徴：リンドウに似た咲き方が美しく切り花にも。日本からヨーロッパまでの広範囲に自生。
栽培：日当たり、水はけの良い石灰質の場所を好む。暖地では夏に半日陰となる環境がよい。

カンパニュラ ラプンクロイデス
ハタザオキキョウ　*Campanula rapunculoides*
キキョウ科　ヨーロッパ

青　緑

日照 日なた〜半日陰　耐寒性　耐暑性
土壌 普　寿命 普　成長速度 普

立性　80〜120cm　←40〜80cm→

特徴：大型の原種。背が高く伸び花茎にたくさんの花を連ねて咲く。涼しい地域でよくふえる。
栽培：日当たりの良い場所を好むが強い乾燥を嫌う。暖地では風通し良く、夏は日陰に。

カンパニュラ アリアリフォリア
アイボリー ベルズ　*Campanula alliariifolia*
キキョウ科　コーカサス、トルコ

白　緑

日照 日なた〜半日陰　耐寒性　耐暑性
土壌 普　寿命 普　成長速度 普

立性　30〜40cm　←20〜40cm→

特徴：カンパニュラの中では小型で、花付きが良く、花姿が整っている。丈夫で育てやすい。
栽培：比較的耐暑性があり暖地でも栽培可能。日なたから半日陰まで広く育つが多湿に注意。

月	1	2	3	4	5	6	7	8	9	10	11	12
観賞					花							
				葉								
作業		植付・施肥								植付・施肥		
						花後剪定						
		株分										

カンパニュラ 'サラストロ'
青花ホタルブクロ　*Campanula* 'Sarastro'
キキョウ科　園芸種

特徴：ホタルブクロとトラケリウムの交配種。性質はホタルブクロより強健で育てやすい。
栽培：日なたで花付き良く、草丈が低く楽しめる。暖地は夏に半日陰が良い。強い乾燥は嫌う。

月	1	2	3	4	5	6	7	8	9	10	11	12
観賞						花	花					
					葉	葉	葉	葉	葉	葉		
作業			植付・施肥									
							花後剪定					
			株分									

カンパニュラ ラクチフロラ
ミルキーベルフラワー　*Campanula lactiflora*
キキョウ科　コーカサス、トルコ

特徴：株立ちになる大型の原種。高く伸びる花茎の先に小花をまとまって咲かせる。
栽培：日当たり、水はけの良い場所へ。株が張るが蒸れに弱いので混んでいない場所が良い。

月	1	2	3	4	5	6	7	8	9	10	11	12
観賞						花	花					
					葉	葉	葉	葉	葉	葉		
作業			植付・施肥									
							花後剪定					
			株分									

カンパニュラ ロツンディフォリア
ヘアーベル　*Campanula rotundifolia*
キキョウ科　ヨーロッパ、北米

特徴：小型のカンパニュラ。細い葉茎と小さなベル型の花が可憐。流通名はイトシャジン。
栽培：高温多湿を嫌い、水はけ、風通しの良い場所に。日なたを好むが暖地では夏に半日陰へ。

月	1	2	3	4	5	6	7	8	9	10	11	12
観賞					花	花			花	花		
				葉	葉	葉	葉	葉	葉	葉		
作業			植付・施肥									
							花後剪定					
			株分									

エリゲロン カルビンスキアヌス
源平小菊　*Erigeron Karvinskianus*
キク科　南アメリカ

白 / 緑
這い性　15〜30cm　40〜60cm

日照 日なた〜半日陰 / 耐寒性 / 耐暑性 普
土壌 普 / 寿命 普 / 成長速度 早

特徴：株が広がり、初夏から初冬まで長く咲く。白とピンクを帯びた花が同時に咲き、可愛らしい。
栽培：満開を過ぎたら強く切り戻すと次の花も姿よく咲く。日当たり、水はけ良く、蒸れに注意。

月	1	2	3	4	5	6	7	8	9	10	11	12
観賞					花							
					葉							
作業			植付・施肥									
			株分・挿木		花後剪定							

エリゲロン 'アズール フェアリー'
Erigeron speciosus 'Azure Fairy'
キク科　北アメリカ

立性　30〜60cm　30〜50cm

紫 / 緑

日照 日なた / 耐寒性 / 耐暑性 普
土壌 普 / 寿命 普 / 成長速度 普

特徴：背が高くなり宿根アスターに似た姿。花色はアズールブルーで柔らかなポンポン咲き。
栽培：葉が密生するので高温多湿に弱い。日当たり、風通し、水はけの良い場所へ植える。

月	1	2	3	4	5	6	7	8	9	10	11	12
観賞					花							
					葉							
作業			植付・施肥			花後剪定						
			株分									

エリゲロン オーランティアカス
オレンジデージー　*Erigeron aurantiacus*
キク科　トルキスタン

立性　20〜40cm　20〜30cm

橙 / 緑

日照 日なた / 耐寒性 / 耐暑性 普
土壌 普 / 寿命 普 / 成長速度 普

特徴：鮮やかな花色が目を引く橙色の原種。多少の個体差があり、赤が濃いものもある。
栽培：小型なので庭植えの他、鉢植えにも。高温多湿に弱いので日なたで水はけ良い場所に。

月	1	2	3	4	5	6	7	8	9	10	11	12
観賞					花							
				葉								
作業			植付・施肥		花後剪定							
			株分									

ローマンカモミール 'フローレ プレノ'
ダブルフラワーカモミール　*Chamaemelum nobile* 'Flore Pleno'
キク科　ヨーロッパ

這い性　10〜20cm　40〜60cm

白 / 緑 / 香

日照 日なた / 耐寒性 / 耐暑性 普
土壌 やや乾 / 寿命 普 / 成長速度 湿

特徴：ポンポン咲きの花が可愛らしいローマンカモミール。這い性で広がりのある草姿。
栽培：高温多湿に弱いので水はけ良い日なたに。花後早めに短く切り、株の再生と充実を図る。

月	1	2	3	4	5	6	7	8	9	10	11	12
観賞					花							
				葉								
作業			植付・施肥		花後剪定			切戻				
			株分・挿木									

ダイヤーズ カモミール
コウヤカミツレ　*Anthemis tinctoria*
キク科　ヨーロッパ　西アジア

立性　40〜60cm　60〜80cm

黄 / 銀 / 香

日照 日なた / 耐寒性 / 耐暑性 普
土壌 やや乾 / 寿命 短 / 成長速度 早

特徴：銀灰色の葉と、明るい黄花が美しく、遠くからも良く目立つ。草木染めに使用される。
栽培：高温多湿に弱く暖地では二年草扱いだが、水はけ、風通し良い日なたで夏越し可能。

月	1	2	3	4	5	6	7	8	9	10	11	12
観賞					花				花			
				葉								
作業			植付・施肥			花後剪定						
			株分・挿木									

初夏 *Summer*

ダリア'黒蝶'
Dahlia 'Kokuchou'
キク科　園芸種

特徴：球根ダリアの有名人気種。花型の整った大輪咲きで、落ち着いた深い花色が目を引く。
栽培：多湿、日陰を嫌うので風通し良い日なたへ。夏に切り戻すと秋もよく咲く。鉢栽培にも。

ダリア'ミッドナイト ムーン'
Dahlia 'Midnight Moon'
キク科　園芸種

特徴：黒い葉に黄色の花が映え、コントラストが美しい。花期長く、切り戻すことで数回咲く。
栽培：ウドンコ病に注意し、風通し良い日なたへ。花後早めに短く切り、施肥。寄せ植えにも。

セネシオ ポリオドン
ピンクラグワート　*Senecio polyodon*
キク科　南アフリカ

特徴：細い花茎が伸び、とても小さな花が次々と咲き、花期が長い。他の草花と合わせやすい。
栽培：多湿を嫌い、水はけ、風通し良く。他の花と合わせると奇麗だが、混んだ植栽は避ける。

ストケシア
ルリギク、エドムラサキ　*Stokesia laevis*
キク科　北アメリカ

特徴：一輪でも見応えある大輪花が、分岐する花茎に次々と咲く。花色も豊富で切り花にも人気。
栽培：日当たりの良い場所へ植栽する。地下茎でよく広がるが、寒冷地での生育はやや遅い。

セントーレア

セントーレア モンタナ
ヤマヤグルマギク　*Centaurea montana*
キク科　ヨーロッパ

こんもり 30〜50cm / ←40〜60cm→

青　銀

日照 日なた｜耐寒性｜耐暑性
土壌 やや乾｜寿命 普｜成長速度 普

特徴：南欧の山岳地帯に多く自生。まるで花火のような花型が美しい。白い綿毛に覆われた葉は冬も常緑で周年観賞できる。コンパクトな株から多くの花を咲かせて、バラの最盛期に楽しめるため、ローズガーデンの下草としても利用される。乾燥に強いため、比較的乾きやすいバラの株元には最適であるが、多肥により葉が茂り過ぎて花が減る傾向があるので注意する。

栽培：耐寒性、耐暑性とも優れるが、高温時の多湿に弱いので注意する。自生地では半日陰にも自生するが、国内では長雨による蒸れが心配なため、日当たりが良く、乾きが早い場所が適する。晩春から咲き始め、初夏頃に満開を迎える。この際、咲き終わった花はこまめに摘み取ると花期も長くなる。冬、暖地では常緑だが、寒冷地では葉がやや枯れるので中心部の冬芽を残し、外側の葉は切って良い。

月	1	2	3	4	5	6	7	8	9	10	11	12
観賞					花							
			葉	葉	葉	葉	葉	葉	葉	葉	葉	
作業			種付									
			施肥		花後剪定							
			株分									

セントーレア モンタナ'アルバ'
Centaurea montana 'Alba'

モンタナの白花品種。青花の原種に比べると生育はやや遅い。花色に個体差があり純白から花芯に紫を帯びるものまで幅がある。

セントーレア'ブラック スプライト'
Centaurea montana 'Black Sprite'

花形の良さが際立つ、黒褐色の品種。原種の青花に比べると小輪だが、花付きが良くたくさん咲く。葉はやや細く緑がかっている。

セントーレア デルバータ
Centaurea dealbata
キク科　ヨーロッパ

立性 50〜80cm / ←40〜70cm→

桃　緑

日照 日なた〜半日陰｜耐寒性｜耐暑性
土壌｜寿命 長｜成長速度 普

特徴：花茎が高く伸び、赤紫の矢車のような花を次々と咲かせる。丈夫な性質で長命な多年草。
栽培：水はけの良い日なたが適地だが、ある程度の乾燥、湿度、半日陰に適応でき、扱いやすい。

月	1	2	3	4	5	6	7	8	9	10	11	12
観賞					花							
			葉	葉	葉	葉	葉	葉	葉	葉	葉	
作業			種付									
			施肥		花後剪定							
			株分									

セントーレア 'マジック シルバー'
Centaurea candidissima 'Magic Silver'
キク科　イタリア

特徴：茎はあまり伸びず、コンパクトに生育する。葉は広く白みが強く、花色との色合いも良い。
栽培：茎が短く、葉が密集するため蒸れに注意。傷んだ葉はこまめに取る。水はけ良い日なたに。

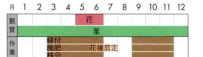

セントーレア ギムノカルパ
ピンクダスティミラー　*Centaurea gymnocarpa*
キク科　イタリア

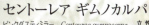

特徴：シロタエギクに似るが別種。茎が木質化し、大柄の姿に。濃いピンク色の花を咲かせる。
栽培：やや乾燥した日なたを好む。低く仕立てる場合は花後に強めに切るとよい。挿し木で増殖。

セントーレア シアヌス
ヤグルマギク　*Centaurea cyanus*
キク科　ヨーロッパ

特徴：ヤグルマギクとして知られる。花茎が高く伸びるので切り花としても人気。花色も豊富。
栽培：主に一、二年草扱い。乾きやすい日なたを好み、適地ではこぼれダネでふえる。実生栽培も容易。

セントーレア シアヌス 'ブラック ボール'
Centaurea cyanus 'Black ball'

黒紫色が美しいシアヌスの品種。細身の草姿で、背が高くなるため他の草花と混植しやすく、淡色系の花と合わせると引き立つ。

ラティビダ 'レッド ミジェット'
メキシカンハット　*Ratibida column.f.pulch* 'Red Midget'
キク科　北アメリカ

赤／緑　立性　↑40〜60cm　←30〜50cm→

日照：日なた　耐寒性：凍　耐暑性：日
土壌：普　寿命：普　成長速度：普

特徴：細い花茎の先端に、とんがり帽子のような可愛い花を咲かせる。
栽培：草原の荒地などに自生し、痩せ地に強い。多肥は徒長するので避け、乾きやすい日なたへ。

月	1	2	3	4	5	6	7	8	9	10	11	12
観賞						花	花		花	花		
				葉	葉	葉	葉	葉	葉	葉		
作業			植付	植付								
			施肥	施肥		花後剪定	花後剪定					
			株分・挿木									

ラティビダ コルムニフィラ

リアトリス 'ゴブリン'
キリンギク　*Liatris spicata* 'Goblin'
キク科　北アメリカ

紫／緑　立性　↑40〜50cm　←30〜40cm→

日照：日なた〜半日陰　耐寒性：凍　耐暑性：日
土壌：普　寿命：♥　成長速度：普

特徴：切り花としても親しまれるリアトリス。本種は小型で花上がり良く、植栽に使いやすい。
栽培：水はけ良い日なたが適し、ある程度多湿、乾燥に耐える。花後早めに切り、株の充実を。

月	1	2	3	4	5	6	7	8	9	10	11	12
観賞						花	花					
				葉	葉	葉	葉	葉	葉	葉		
作業			植付	植付								
			施肥	施肥			花後剪定	花後剪定				
			株分									

レウカンセマム 'ブロードウェイ ライト'
Leucanthemum × superbum 'Broadway Light'
キク科　園芸種

黄／緑　立性　↑40〜60cm　←40〜60cm→

日照：日なた　耐寒性：凍　耐暑性：日
土壌：普　寿命：普　成長速度：普

特徴：シャスターデージーの品種。淡い黄色が明るい印象。株立ちになりたくさん咲く。
栽培：性質が丈夫で、ほぼ放任でも育つ。乾燥に耐えるが多湿と日陰が苦手。花後強めに剪定。

月	1	2	3	4	5	6	7	8	9	10	11	12
観賞					花	花						
				葉	葉	葉	葉	葉	葉	葉		
作業			植付	植付								
			施肥	施肥		花後剪定	花後剪定					
			株分・挿木									

レウカンセマム 'オールド コート'
Leucanthemum × superbum 'Old Court'

シャスターデージーの品種。細く真っ白な花弁が密に付く美しい花。切り花にも向く。他の品種に比べ生育がやや遅いが、丈夫。

レウカンセマム 'スノー ドリフト'
Leucanthemum × superbum 'Snow Drift'

シャスターデージーの実生系品種。一重に近いものからポンポン咲きまで個体差があり面白い。一株で咲き分ける場合もある。

アカンサス モリス
ハアザミ　*Acanthus mollis*
キツネノマゴ科　地中海沿岸

個性的　80～150cm

白　緑

日照 日なた～半日陰　耐寒性　耐暑性 強
土壌 普　寿命 長　成長速度 普

特徴：光沢のある大きな葉で、背が高く雄大な花は存在感がある。後方に植栽すると映える。
栽培：日なたの方が花付きが良いが、葉焼けに注意。耐寒性は強いが、極寒冷地では防寒する。

月	1	2	3	4	5	6	7	8	9	10	11	12
観賞					花	花						
				葉	葉	葉	葉	葉	葉			
作業		植付										
		施肥			花後剪定							
		株分										

アカンサス 'ホワイトウォーター'
Acanthus 'Whitewater'

モリスとスピノサスの交配種で、その斑入り品種。丈夫さ、花付きの良さは親のスピノサスの影響であり、優れた特性を有する。

アネモネ カナデンシス
ウッドアネモネ　*Anemone canadensis*
キンポウゲ科　北アメリカ

立性　25～40cm　60～200cm

白　緑

日照 日なた～半日陰　耐寒性　耐暑性 強
土壌 普　寿命 長　成長速度 普

特徴：地下茎で広範囲に広がり、群生して一面に咲く。フタマタイチゲと混同されやすい。
栽培：耐寒性に優れ、寒冷地では一面にふえている。日なたを好むが半日陰でもよく咲く。

月	1	2	3	4	5	6	7	8	9	10	11	12
観賞					花	花						
				葉	葉	葉	葉	葉	葉			
作業			植付									
			施肥			花後剪定						
			株分									

アネモネ シルベストリス
スノードロップアネモネ　*Anemone sylvestris*
キンポウゲ科　北ヨーロッパ

立性　25～40cm　20～30cm

白　緑

日照 日なた～半日陰　耐寒性　耐暑性
土壌 普　寿命 普　成長速度 遅

特徴：春から初夏にたくさん咲く。暖地では夏に花が休むが、高冷地では夏、秋と長く咲く。
栽培：水はけ良い日なたから明るい日陰に植栽。生育は遅いが丈夫。多肥だと咲きにくい。

月	1	2	3	4	5	6	7	8	9	10	11	12
観賞				花	花				花	花		
				葉	葉	葉	葉	葉	葉	葉		
作業			植付									
			施肥			花後剪定						
			株分									

デルフィニウム エラータム系
オオヒエンソウ　*Delphinium × elatum hybrids*
キンポウゲ科　ヨーロッパ

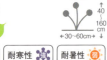

立性
40〜160cm
←30〜60cm→

日照 日なた〜半日陰　耐寒性　耐暑性
土壌 普　寿命 短　成長速度 普

特徴：大型の系統。長い花茎にびっしりと花を咲かせ、柱状になる。存在感がある人気系統。
栽培：高温多湿が苦手で暖地では一年草扱い。寒冷地では夏越し可。秋に植え露地で越冬。

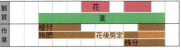

月	1	2	3	4	5	6	7	8	9	10	11	12
観賞						花	花		花	花		
						葉	葉	葉	葉			
作業		植付	植付						植付	植付		
		施肥	施肥	施肥	施肥	施肥	花後剪定	花後剪定	施肥	施肥		
								株分	株分			

デルフィニウム シネンセ系
ヒエンソウ　*Delphinium grandiflorum var. chinense hybrids*
キンポウゲ科　中国、シベリア など

立性
30〜40cm
←20〜40cm→

日照 日なた〜半日陰　耐寒性　耐暑性
土壌 普　寿命 短　成長速度 遅

特徴：細い茎、葉が伸びて、薄い花弁の花を咲かせる。透き通るような花色が美しく人気。
栽培：高温多湿が苦手で暖地では一年草扱い。春、秋の涼しい時期に実生から育てても良い。

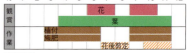

月	1	2	3	4	5	6	7	8	9	10	11	12
観賞						花	花		花	花		
					葉	葉	葉	葉	葉	葉		
作業		植付	植付						植付	植付		
		施肥	施肥	施肥	施肥	施肥	花後剪定	花後剪定	施肥	施肥		

株分不可

トロリウス 'ゴールデン クイーン'
Trollius chinensis 'Golden Queen'
キンポウゲ科　中国 など

橙　緑

立性
40〜70cm
←20〜40cm→

日照 日なた〜半日陰　耐寒性　耐暑性
土壌 適　寿命 普　成長速度 普

特徴：輝くような橙色の花。立ち上がった花弁が冠のようでカンムリキンバイの名がある。
栽培：軽く湿った肥沃な土壌を好む。日なたが良いが暑さを嫌い、夏は半日陰。強乾燥に注意。

月	1	2	3	4	5	6	7	8	9	10	11	12
観賞						花	花					
					葉	葉	葉	葉	葉	葉		
作業		植付	植付						植付	植付		
		施肥	施肥						施肥	施肥		
		株分	株分			花後剪定	花後剪定					

トロリウス 'チェダー'
Trollius × cultorum 'Cheddar'

クルトルムの品種。淡いクリーム色の花で、形の良いカップ型の花を咲かせる。ボタンを小さくしたような可憐な花で人気。

トロリウス ヨーロパエウス
Trollius europaeus

ヨーロッパから西アジアに自生する原種。和名はセイヨウキンバイソウ。花付きが良く、群生させると見事。やや湿った場所を好む。

バーベナ

初夏 *Summer*

バーベナ ハスタータ 'ブルー スパイヤー'
バーベイン　*Verbena hastata* 'Blue Spires'
クマツヅラ科　北アメリカ
立 性
↑80〜120cm
←40〜60cm→
紫　緑

日照 日なた　耐寒性 強　耐暑性 強
土壌 やや乾　寿命 普　成長速度 早

特徴：とんがり帽子のような可愛い花をもつ。背が高く大きく茂る。
栽培：水はけの良い日なたへ。丈夫で、こぼれダネでふえ、広がる。ウドンコ病に注意が必要。

月	1	2	3	4	5	6	7	8	9	10	11	12
観賞					花				花			
					葉							
作業			植付									
			施肥			花後剪定						
			株分、挿木									

バーベナ ハスタータ 'ホワイト スパイヤー'
Verbena hastata 'White Spires'

ハスタータの白花品種。青花に比べて樹勢が弱く、茎がやや細い。葉や茎も明るい緑色で、爽やかな印象。こぼれダネでふえる。

バーベナ ハスタータ 'ピンク スパイヤー'
Verbena hastata 'Pink Spires'

ハスタータのピンク。自生地では湿地から乾燥した場所まで広く生育し、適応力があるため場所を問わず育てられる。

バーベナ ボナリエンシス
三尺バーベナ　*Verbena bonariensis*
クマツヅラ科　中央、南アメリカ
立 性
↑60〜100cm
←30〜60cm→
紫　緑

日照 日なた　耐寒性 強　耐暑性 強
土壌 やや乾　寿命 普　成長速度 早

特徴：細い花茎が高く伸び、風に揺れる姿が美しい。適地ではこぼれダネで群生し一面に咲く。
栽培：暑さ、寒さに強く、とても強健な性質。多湿に弱いが乾燥に強く、荒地でも生育する。

月	1	2	3	4	5	6	7	8	9	10	11	12
観賞						花			花			
						葉						
作業			植付									
			施肥			花後剪定						
			株分、挿木									

バーベナ ボナリエンシス 'ロリポップ'
Verbena bonariensis 'Lollipop'

ボナリエンシスの小型種。普通種の半分ほどの草丈で開花する。花茎の分岐が良く、花付きが良いため庭植えの他、鉢植えにも。

バーバスカム

バーバスカム 'ビオレッタ'
パープルレイン　Verbascum phoeniceum 'Violetta'
ゴマノハグサ科　南ヨーロッパなど

立性　↑50〜90cm　←30〜40cm→

紫　緑

日照 日なた　耐寒性　耐暑性 弱
土壌 やや乾　寿命 短　成長速度 普

特徴：目を引くバイオレットカラーが特徴。株は這うように花茎が伸びて咲き、風に揺れる。
栽培：花後の弱る時期は高温多湿に注意。風通し水はけ良い場所に。花茎は早めに切ると良い。

月	1	2	3	4	5	6	7	8	9	10	11	12
観賞					花							
					葉							
作業		植付施肥								植付施肥		
					花後剪定							

株分不可

バーバスカム 'フラッシュ オブ ホワイト'
Verbascum phoeniceum 'Flush of white'

白花の品種。星のような形をしたつぼみも可愛らしい。秋に植えて露地で越冬させると株が充実し、花茎の本数もふえる。

バーバスカム 'ウエディング キャンドルズ'
Verbascum chaixii f.album 'Wedding Candles'

チャイクシイの白花。直立する長い花茎に小花がびっしりと咲く。花芯は紫の毛に覆われており、花弁との色合いが良い。

バーバスカム 'ロゼッタ'
Verbascum phoeniceum 'Rosetta'

アンティークをイメージさせる、落ち着いたピンク色の花。お洒落な雰囲気がある。夏に涼しい地域ではこぼれダネでもふえる。

バーバスカム 'サザン チャーム'
Verbascum hybridum 'Southern Charm'

花が大きく、草丈がコンパクト。株により花色に差があるため、数本まとめて植えると調和が美しい。

バーバスカム 'ポーラー サマー'
シルバームレイン
Verbascum bombyciferum 'Polar Summer'
ゴマノハグサ科　西アジア

立性　↑80〜150cm　←40〜60cm→

黄　白

日照 日なた　耐寒性　耐暑性 弱
土壌 やや乾　寿命 短　成長速度 普

特徴：大型のバーバスカム。葉茎は綿毛に覆われ白味が強い。黄色の花を高い位置で咲かせる。
栽培：高温多湿に弱く、水はけ良いやや乾燥した場所へ。帰化種のように広範囲にはふえない。

月	1	2	3	4	5	6	7	8	9	10	11	12
観賞					花							
					葉							
作業		植付施肥								植付施肥		
					花後剪定							

株分不可

プリムラ カピタータ モーレアナ
Primula capitata ssp.*mooreana*
サクラソウ科　チベット

特徴：遅咲きのプリムラ。粉を吹いたような銀灰色の葉茎、青紫色の花が特徴。高山の原種。
栽培：暑さに弱く、暖地での夏越しが難しい。水はけの良い場所を好むが適度な水分が必要。

プリムラ ブレヤナ
オレンジクリンソウ
Primula bulleyana
サクラソウ科　中国

特徴：明るい色の小花が段になって咲く。日本の九輪草に比べ、小柄で可憐な雰囲気を持つ。
栽培：九輪草に近い性質で、やや湿った場所を好む。暑さを嫌うので夏は半日陰になる場所へ。

リシマキア プンクタータ
イエロールーズストライフ　*Lysimachia punctata*
サクラソウ科　ヨーロッパ

特徴：地下茎で株が広がり、花期には星型の花が連なって一面に咲く。生育はやや遅い。
栽培：水はけの良い明るい日陰に向く。地下茎でふえるが、まとまりのある姿で株立ちになる。

リシマキア アトロパープレア
リシマキア ボジョレー
Lysimachia atropurpurea
サクラソウ科　北アメリカ

特徴：夏深いワインレッドの花穂と銀灰色の葉が美しく、シックでお洒落な雰囲気がある。
栽培：強い乾燥を避け、夏は半日陰に。ある程度咲いたら早めに切り戻し、株を休ませる。

初夏 *summer*

サルビア

サルビア クレベランディ
クレベラントセージ　Salvia clevelandii
シソ科　北アメリカ

特徴：淡い青紫の花が輪生し段になって咲く。銀灰色の葉茎との、気品のある調和が美しい。
栽培：乾燥した岩場や砂地に自生しており、乾き気味の日なたを好む。花後に剪定し姿を整える。

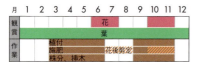

サルビア グレッギー
オータムセージ、チェリーセージ　Salvia greggii
シソ科　メキシコ

特徴：初夏から晩秋に鮮明な赤花を長期間咲かせる。国内ではチェリーセージの名で流通。
栽培：水はけ、日当たり良い場所に。花後短く切り戻すと姿良く咲く。同系で最も耐寒性が強い。

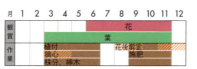

サルビア ミクロフィラ'ホット リップス'
ベビーセージ　Salvia microphylla 'Hot Lips'

四季咲き性があるミクロフィラの品種。紅白の可愛らしい色。環境や気温により花色が変化し、真っ赤や白になることもある。

サルビア パテンス
ゲンチアンセージ　Salvia patens
シソ科　メキシコ

特徴：5cmほどの大輪で青色。最も美しいサルビアと評される。白やピンク、水色もある。
栽培：花後に短く切り戻すと繰り返し咲く。耐寒性はあるが、冬は強く凍らせないほうが良い。

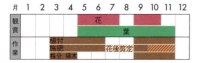

コモンセージ
サルビア オフィシナリス、薬用サルビア　Salvia officinalis
シソ科　ヨーロッパ

特徴：ハーブとして多用途で和名は薬用サルビア。銀灰色の葉と青い花に観賞価値がある。
栽培：やや乾き気味の日なたで花付き良いが、多肥や日陰では茎が徒長し花が咲きにくい。

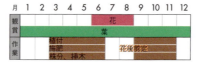

サルビア チャマエドリオイデス
ジャーマンダーセージ　Salvia chamaedryoides
シソ科　メキシコ

特徴：小型でブッシュ状の原種。葉茎と青花のコントラストが美しい。暖地では常緑で越冬。
栽培：高温多湿を嫌うので、乾きやすい日なたが良い。花後、草姿が乱れたら切り戻す。

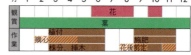

サルビア ネモローサ'カラドンナ'
Salvia nemorosa 'Caradonna'

シソ科　ヨーロッパ

立性
←30〜50cm→
45〜75cm

紫　緑

日照 日なた　耐寒性　耐暑性
土壌　寿命　成長速度

特徴：茎、花の色が濃い品種。花茎が真っすぐ立ち、花穂が整然と並ぶ。花色、姿とも美しい。
栽培：水はけの良い日なたへ。株が劣化したら植え直して更新する。多肥にすると花が咲きにくい。

月	1	2	3	4	5	6	7	8	9	10	11	12
観賞					花							
					葉							
作業			植付									
			施肥		花後剪定							
			株分・挿木									

サルビア ネモローサ
Salvia nemorosa

中央ヨーロッパから西アジアに広く自生する原種。低い株から多くの花を立ち上げる姿が美しい。欧米で人気があり品種も多い。

サルビア ネモローサ'ローゼンウェイン'
Salvia nemorosa 'Rosenwein'

ネモローサの品種。咲き始めに赤みが強く、徐々に淡いピンクに変わる。生育はやや遅い。日陰や多湿では生育が悪いので注意。

サルビア ネモローサ'スノーヒル'
Salvia nemorosa 'Schneehugel'

ネモローサの白花品種。小型で花付きがとても良いため、大株の花期はドーム状に咲き揃う。花後は早めに切り、株を休ませる。

サルビア ネモローサ'シュベレンバーグ'
Salvia nemorosa 'Schwellenburg'

赤紫色の萼が目立ち、ケイトウの仲間を連想させる個性的な花。花茎が徒長しやすいので多肥、多湿を避ける。

サルビア プラテンシス 'スイート エスメラルダ'
Salvia pratensis 'Sweet Esmeralda'

プラテンセの小型品種。明るいマゼンタピンクの花。他の色に比べて、少し丈が高く咲く。この系統は暑さ、寒さに耐え、丈夫。

サルビア プラテンシス 'スワン レイク'
Salvia pratensis 'Swan Lake'

プラテンセの小型品種。白花が緑の葉に映え、爽やか。他種に比べ、花穂が短く、花付きが良い。丈夫で放任でも育てやすい。

サルビア プラテンシス 'トワイライト セレナーデ'

メドーセージ　*Salvia pratensis* 'Twilight Serenade'
シソ科　ヨーロッパ

特徴：プラテンセの小型品種。濃いブルーで花付きが良い。ネモローサより暑さに強く丈夫。
栽培：寒さ暑さに強いが高温多湿を嫌うので水はけ良く。花後早めに切り戻し、株の充実を。

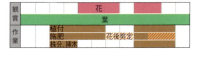

サルビア プラテンシス 'スカイ ダンス'
Salvia pratensis 'Sky Dance'

プラテンセの小型品種。スカイブルーの花で、同シリーズでは新しい花色。初夏の気温が高くなる頃から涼やかな花を咲かせる。

サルビア プラテンシス 'メイドリーン'
Salvia pratensis 'Madeline'

プラテンセの品種。濃い紫色で唇弁が白く、奇麗なツートンカラーになる。花は小さめながら、たくさん咲くので賑やかさがある。

サルビア スクラレア

クラリーセージ、オニサルビア　*Salvia sclarea*
シソ科　ヨーロッパ

特徴：大型で和名はオニサルビア。花茎がよく分岐し、ピンクの萼、白花をたくさん咲かせる。
栽培：日なたで乾き気味の場所に。こぼれダネでふえる。暖地では花後早めに切り、株の充実を。

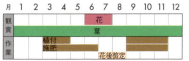

株分不可

サルビア スクラレア 'バチカン ホワイト'
Salvia sclarea 'Vatican White'

クラリーセージの品種。萼は白で、花期の草丈もコンパクトな改良種。こぼれダネでふえる小株は常緑で越冬し、翌年に咲く。

フロミス

フロミス ルッセリアナ
ラージエルサレムセージ　*Phlomis russeliana*
シソ科　西アジア

立性　60〜100cm　←70〜90cm→

黄／緑

日照：日なた〜半日陰　耐寒性：強　耐暑性：強
土壌：普　寿命：長　成長速度：普

特徴：エルサレムセージの一種。地下茎で広がり、ユニークな花が咲く。耐寒性、耐暑性に優れる。
栽培：日なたから明るい半日陰に。暖地、寒冷地どちらでもよく育つ。冬は半常緑または落葉。

月	1	2	3	4	5	6	7	8	9	10	11	12
観賞					花	花						
					葉	葉	葉	葉	葉	葉		
作業		植付・施肥					花後剪定					
		株分・挿木										

フロミス パープレア
パープルエルサレムセージ　*Phlomis purpurea*
シソ科　スペイン

立性　50〜80cm　←30〜50cm→

桃／白　香

日照：日なた　耐寒性：強　耐暑性：強
土壌：やや乾　寿命：長　成長速度：普

特徴：銀灰色の葉茎にピンクの花が咲き、色合いが美しい。周年常緑で木質化し低木状になる。
栽培：日なたでやや乾いた土壌に。耐暑性はあるが、耐寒性がやや弱いので寒冷地では防寒を。

月	1	2	3	4	5	6	7	8	9	10	11	12
観賞					花	花						
					葉	葉	葉	葉	葉	葉		
作業		植付・施肥					花後剪定					
		株分・挿木										

フロミス サミア
Phlomis samia
シソ科　ヨーロッパ

立性　80〜150cm　←50〜80cm→

桃／緑

日照：日なた　耐寒性：強　耐暑性：強
土壌：普　寿命：長　成長速度：普

特徴：1.5mほどの花茎を何本も上げ、株立ちになる大型種。花色が地味で渋く、玄人好み。
栽培：日なたから明るい半日陰に植栽。湿潤で肥沃な土地では特に大きくなる。乾燥は苦手。

月	1	2	3	4	5	6	7	8	9	10	11	12
観賞					花	花						
					葉	葉	葉	葉	葉	葉		
作業		植付・施肥					花後剪定					
		株分・挿木										

フロミス チューベローサ
Phlomis tuberosa
シソ科　ヨーロッパ、北東アジア

立性　70〜120cm　←50〜80cm→

桃／緑

日照：日なた　耐寒性：強　耐暑性：強
土壌：普　寿命：長　成長速度：普

特徴：株立ちになり、小さめのピンクの花が咲く。耐寒性に優れ、冬は落葉し塊根で越年する。
栽培：自生地では少し湿った草原に生え、日当たり良く肥沃な土壌を好む。耐寒耐暑性がある。

月	1	2	3	4	5	6	7	8	9	10	11	12
観賞					花	花						
					葉	葉	葉	葉	葉	葉		
作業		植付・施肥					花後剪定					
		株分・挿木										

アガスターシェ 'ブラック アダー'
Agastache 'Black Adder'
シソ科　園芸種

立性　70〜90cm　←50〜70cm→

青／緑　香

日照：日なた　耐寒性：強　耐暑性：強
土壌：普　寿命：普　成長速度：普

特徴：カワミドリとアニスヒソップの交雑種。背が高く伸び、濃い紫の蕾、藤色の花が美しい。
栽培：肥沃で日当たり、水はけの良い場所を好み、高温多湿は苦手。強風で折れやすく注意。

月	1	2	3	4	5	6	7	8	9	10	11	12
観賞						花	花	花				
					葉	葉	葉	葉	葉	葉		
作業		植付・施肥						切戻				
		株分・挿木										

アガスターシェ 'ボレロ'
Agastache × cana 'Bolero'

赤紫の葉色は、気温が低い時期に特に冴え、美しい。花は赤紫で葉色との調和が良い。耐寒性に優れ、冬は落葉して越年する。

アガスターシェ 'ゴールデン ジュビリー'
Agastache rugosa 'Golden Jubilee'

カワミドリの黄金葉品種。大型で葉色が明るく、よく目立つ。こぼれダネでふえて群生するが、間引くことも容易。全草が香る。

キャットミント 'ウォーカーズ ロウ'

Nepeta × faassenii 'Walker's Low'
シソ科　園芸種

特徴：ファーセニーの品種。従来種に比べて花茎が短く、倒伏しにくいため、長期間奇麗な草姿を保つ。花は大輪で色も濃く、遠くから見てよく目立つ。大株の開花姿は実に見事。葉は灰色を帯び、淡い青花との相性が良い。姿の美しさ、扱いやすいサイズ感が海外で高く評価され、定番となりつつある。バラの最盛期に咲き、下草にも。全草にシナモンに似た香りがあり、切花やポプリやドライフラワーにも利用できる。

栽培：日当たり、水はけの良い場所に植栽する。耐寒、耐暑性に優れ乾燥にも強いが、湿った場所では腐りやすく、肥沃な場所や日陰では徒長して花が咲きにくい。萌芽力が強いので、花後や草姿が乱れた際には、株元付近まで切り戻すと再生する。冬は落葉し、株元に冬芽が出て越冬するので冬芽が見えたら枝は全て切り戻す。

キャットミント 'ライム ライト'

Nepeta × faassenii 'Lime Light'

青花との対比が良い黄金葉の品種。春や秋は葉色が冴え、夏など高温の時期は銀灰色。生育がやや遅いが、小型で姿が乱れにくい。

ネペタ 'ブルー ドリームス'

Nepeta subsessilis 'Blue Dreams'
シソ科　日本

特徴：野草、ミソガワソウの小型種。花がより密集して咲く。枝が倒伏しにくく扱いやすい。
栽培：原種は渓流沿いなどに自生しており、適度な水分を好む。日なたからやや半日陰で咲く。

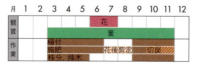

ネペタ 'ピンク ドリームス'

Nepeta subsessilis 'Pink Dreams'

日本の野草、ミソガワソウの小型種で花色は明るいピンク。ネペタの中では花が大きめなので群生で咲かせると見栄えが良い。

アジュガ

初夏 *summer*

アジュガ 'キャトリンズ ジャイアント'
Ajuga reptans 'Catlin's Giant'

葉も花も一回り大きいアジュガ。特に花期は花丈が高くなり、群生するので見栄えが良い。基本種同様にほふく枝で広がる。

アジュガ レプタンス
セイヨウジュウニヒトエ　*Ajuga reptans*
シソ科　ヨーロッパ

特徴：ほふく枝を伸ばし発根して地面を覆う。光沢のある葉は常緑で気温が低いと紫になる。
栽培：夏の強光、乾燥を嫌うが、半日陰や湿潤な土壌では生育が早い。よく広がるが間引ける。

アジュガ 'チョコレート チップ'
Ajuga tenorii 'Chocolate Chip'

小さな葉が密生する可愛い品種。葉色も周年濃い。ほふく枝は出ず、株がまとまりながら少しずつふえる。花付きが抜群に良い。

アジュガ 'バーガンディ グロー'
Ajuga reptans 'Burgundy Glow'

カラフルな斑入りの品種で、秋冬の紅葉も奇麗。あまり繁殖枝が伸びず、コンパクトに生育する。乾燥と日差しに弱いので注意。

テウクリウム ヒルカニカム
コーカサスジャーマンダー　*Teucrium hircanicum*
シソ科　ヨーロッパ

特徴：ベロニカに似たの長い花穂を咲かせるシソ科多年草。半日陰でも咲くので植栽幅が広い。
栽培：日なたから明るい半日陰に。乾きやすい場所では丈がコンパクト。こぼれダネでふえる。

メリテス メリッソフィルム
ハニーバーム　*Melittis melissophyllum* 'Royal Velvet Distinction'
シソ科　ヨーロッパ中南部

特徴：ラン科のような美花。全草に甘い香りがあり、ハニーバームの名がある。生育は遅い。
栽培：日なたから明るい日陰で生育。原種は林床に生え適度な水分が必要。夏の強光は避ける。

スタキス モニエリ
コモンベトニー　*Stachys monieri*
シソ科　南ヨーロッパ

特徴：小判型の葉が低く茂り、花茎が伸びてたくさん花を咲かせる。丈夫で育てやすい。
栽培：日陰でも咲くが、なるべく日なたへ。暑さ寒さに強く丈夫。冬は地中の塊茎で越冬する。

月	1	2	3	4	5	6	7	8	9	10	11	12
観賞						花	花					
			葉	葉	葉	葉	葉	葉	葉	葉		
作業			植付	植付								
			施肥					花後剪定	花後剪定			
			株分									

ラムズイヤー
ワタチョロギ　*Stachys byzantina*
シソ科　トルコ、イランなど

特徴：白い毛に覆われた葉は手触りも柔らか。広がりのある草姿になる。極寒冷地以外は冬も常緑。
栽培：やや乾いた日なたを好み、多湿や日陰では徒長し腐りやすい。花後は短く切り戻す。

月	1	2	3	4	5	6	7	8	9	10	11	12
観賞						花	花					
			葉	葉	葉	葉	葉	葉	葉	葉		
作業			植付	植付			花後剪定			切戻	切戻	
			施肥	挿木								
			株分									

アストランティア'フローレンス'
Astrantia major 'Florence'
セリ科　ヨーロッパ

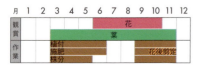

特徴：生育が早い。緑と白の花は咲き進むとピンクを帯びる。耐暑性、四季咲き性があり優秀。
栽培：暖地ではやや半日陰。乾燥に注意する。適度な肥料と、よく寒さに当てると生育が良い。

月	1	2	3	4	5	6	7	8	9	10	11	12
観賞						花	花		花	花		
			葉	葉	葉	葉	葉	葉	葉	葉		
作業			植付	植付								
			施肥					花後剪定	花後剪定			
			株分									

アストランティア'スノースター'
Astrantia major 'Snow Star'

咲き始めグリーンで、徐々に白く変わり、清楚な印象が美しい。花茎が高く伸びる品種で切り花も人気がある。生育はやや遅い品種。

アストランティア'ベニス'
Astrantia major 'Venice'

ワインレッド色の小輪で花付きが良く、繊細な花形が美しい。小型で生育がやや遅い。肥沃な土壌で明るい半日陰が適す。

アストランティア'ローマ'
Astrantia major 'Rome'

株が張り、明るいピンクの花を一斉に立ち上げる。丈夫で生育も早い品種。暖地でも場所の選定をしっかりと行えば栽培が可能。

エリンジューム

エリンジューム 'ミス ウィルモッツ ゴースト'
Eryngium giganteum 'Miss Wilmott's Ghost'

大きな萼は銀灰色で、グリーンの花芯との色合いが奇麗。芸術的な美しさで知られる著名な品種。高温多湿を嫌い、乾燥を好む。

エリンジューム 'ビッグ ブルー'
Eryngium × zabeli 'Big Blue'
セリ科　ヨーロッパ

特徴：比較的耐暑性があり、丈夫なザベリーの品種。大輪で花茎まで青く染まる様子が美しい。
栽培：暑さ寒さに耐えるが高温多湿に弱く、水はけ良い日なたへ。暖地では夏に陰る場所に。

エリンジューム 'ネプチューン ゴールド'
Eryngium × zabelii 'Neptune's Gold'

ザベリーの黄金葉品種。春の芽吹きは特に葉色が冴えて鮮やか。6cm 近い大きな萼は咲き始め黄色で徐々に青が混ざる。

エリンジューム プラナム
Eryngium planum

イングリッシュガーデンの定番の花の1つ。青みが出る花で、茎が美しい。こぼれダネでもふえる。切り花やドライフラワーにも人気。

ダウカス 'ダラ'
ノラニンジン　*Daucus carota* 'Dara'
セリ科　地中海沿岸

特徴：咲き進むと色が変化し、渋いクラシカルな雰囲気。背が高いので立体的な植栽になる。
栽培：国内では一、二年草扱いになるが、こぼれダネでふえる。日なたで水はけ良い環境を好む。

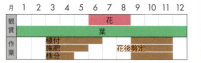

ワイルドチャービル 'レイヴァンズ ウィング'
シャク　*Anthriscus sylvestris* 'Raven's Wing'
セリ科　ヨーロッパ、日本 など

特徴：ワイルドチャービルの品種。黒褐色の葉とレース状の白花の組み合わせが美しい。
栽培：原種は山地の湿り気がある場所に自生。水分が必要だが高温多湿は避け、涼しく管理。

初夏 Summer

オルラヤ グランデフロラ
Orlaya grandiflora (White Lace)

セリ科　ヨーロッパ

特徴：まるでレース細工のような繊細な花形で、清楚な雰囲気。他の花との調和がとりやすい。

栽培：こぼれダネで広がり群落を作るが、間引くのは容易。日当たり、水はけの良い場所を好む。

月	1	2	3	4	5	6	7	8	9	10	11	12
観賞 花						■	■					
観賞 葉	■	■	■	■	■	■	■	■	■	■	■	■
作業 植付			■	■						■	■	
作業 施肥			■	■		花後剪定				■	■	
作業 株分			■	■						■	■	

ペルシカリア 'ホーエ タトラ'

イブキトラノオ　*Persicaria bistorta* 'Hohe Tatra'
タデ科　ヨーロッパ、北西アジア

桃　緑

日照 日なた〜半日陰　耐寒性　耐暑性
土壌　寿命　成長速度

特徴：ビストルタの改良品種。ビストルタはヨーロッパから西アジアに広く分布しており、日本にも仲間のイブキトラノオが北海道から九州の山地に自生している。花茎が細く、花が大きいので、花が宙に浮いているような独特のフォルムが美しく、高く伸びて咲くので、花壇の立体的な演出に役立つ。花色が淡いので、他の草花とも調和し、風に揺れて良い風情を出す。国内での流通は少ないが、ヨーロッパを中心に海外での人気が高い。

栽培：原種は山地の湿原、草地に自生するため、やや暑さを嫌う。暖地では夏に涼しく管理することが重要で、風通し、水はけ良く、高温多湿に注意して育てる。また、強い乾燥を嫌うのでやや半日陰が良い。地下茎で広がるが、生育は穏やかで、困るほどではない。

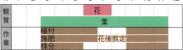

トラディスカンティア 'スイート ケイド'

オオムラサキツユクサ
Tradescantia × *andersoniana* 'Sweet Kate'
ツユクサ科　北アメリカ

青　黄

日照 日なた〜半日陰　耐寒性　耐暑性
土壌　寿命　成長速度

特徴：黄色の葉は春から秋まで長期間鮮やかで、初夏に咲く青花との対比も良い。性質が丈夫。
栽培：日なたから明るい半日陰まで植栽可能。土質もほぼ選ばず、乾燥、多湿にも耐え丈夫。

ギンパイソウ（銀盃草）

ホワイトカップ　*Nierembergia repens*
ナス科　南アメリカ

白　緑

日照 日なた〜半日陰　耐寒性　耐暑性
土壌　寿命 長　成長速度

特徴：細かいへら状の葉が地面をびっしりと覆い、白く美しいカップ形の花が一面に咲く。
栽培：自生地では川沿いに生え水分を好むが、高温多湿に注意し水はけ良く。強乾燥は避ける。

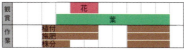

アグロステンマ ギタゴ

ムギセンノウ　*Agrostemma githago*
ナデシコ科　ヨーロッパ、西アジア

桃　白　緑

日照 日なた　耐寒性　耐暑性 弱
土壌 やや乾　寿命 短　成長速度 早

特徴：花茎が分岐して次々と大輪の花が咲き、1m近く伸びる。淡い桜色や白花の品種もある。
栽培：日当たり、水はけの良い、乾き気味の土壌を好む。一年草扱いだが、こぼれダネでふえる。

株分不可

初夏 *Summer*

シレネ

シレネ ガリカ クインクエベルネラ
マンテマ　*Silene gallica* var. *quinquevulnera*
ナデシコ科　ヨーロッパ
立性　20〜30cm

赤／緑

日照：日なた　耐寒性：強　耐暑性：普
土壌：やや乾　寿命：短　成長速度：普

特徴：とても小さな可愛い花。ヨーロッパ原産で江戸時代に日本に持ちこまれ、後に野生化した。
栽培：日当たり、水はけの良い場所を好み、荒地でも育つ。一年草扱いだが、こぼれダネでふえる。

月	1	2	3	4	5	6	7	8	9	10	11	12
観賞					花	花						
			葉	葉	葉	葉	葉	葉	葉	葉	葉	
作業			植付・施肥・株分			花後剪定			植付・施肥			

シレネ ユニフロラ
ホテイマンテマ　*Silene uniflora*
ナデシコ科　ヨーロッパ
這い性　10〜15cm／20〜50cm

白／銀

日照：日なた　耐寒性：強　耐暑性：普
土壌：やや乾　寿命：普　成長速度：普

特徴：緑灰色の葉が地面を這うように生育する。白花でふっくらと丸い萼が可愛らしい。
栽培：乾燥に強く砂礫地などのカバーに。伸びすぎた際や花後に短く剪定すると姿良く再生。

月	1	2	3	4	5	6	7	8	9	10	11	12
観賞					花	花						
			葉	葉	葉	葉	葉	葉	葉	葉	葉	
作業			植付・施肥			花後剪定			植付・施肥			

シレネ ユニフロラ 'ドレッツ バリエガータ'
Silene uniflora 'Druett's Variegated'

ユニフロラの斑入り品種。緑灰色の葉にクリーム色の斑が入り、カーペット状に低く広がる。高温多湿に注意し、水はけ良く管理する。

シレネ 'スワン レイク'
Silene uniflora 'Swan Lake'

八重咲きで一輪でも見応えがある大輪花。細い花茎は横に長く伸びて這う。高い場所からの下垂や、吊り鉢などの鉢栽培にも。

シレネ ブルガリス
シラタマソウ　*Silene vulgaris*
ナデシコ科　ヨーロッパ
立性　40〜60cm／40cm以上

白／緑

日照：日なた　耐寒性：強　耐暑性：普
土壌：やや乾　寿命：短　成長速度：早

特徴：萼が風船のように膨らみ、花は白で可愛い。帰化するほど丈夫。こぼれダネでふえる。
栽培：日当たり、水はけの良い、痩せ地でよく生育。よく広がり群生するが、間引くこともできる。

月	1	2	3	4	5	6	7	8	9	10	11	12
観賞					花	花						
			葉	葉	葉	葉	葉	葉	葉	葉	葉	
作業			植付・施肥・株分			花後剪定						

レッドキャンピオン
レッドキャッチフライ　*Silene dioica*
ナデシコ科　ヨーロッパ
立性　40〜60cm

桃／緑

日照：日なた　耐寒性：強　耐暑性：普
土壌：普　寿命：普　成長速度：普

特徴：背が高くなり小花をたくさん咲かせる。丈夫で株も越年し、こぼれダネでふえ群生する。
栽培：やや湿った土壌を好む。自生地では日陰でも生えるが、日なたのほうが花付きが良い。

月	1	2	3	4	5	6	7	8	9	10	11	12
観賞					花	花						
			葉	葉	葉	葉	葉	葉	葉	葉	葉	
作業			植付・施肥			花後剪定		植付・施肥	花後剪定			

ホワイトキャンピオン
Silene latifolia

こぼれダネでふえるが繁殖は穏やか。レッドキャンピオンとは別種のラティフォリアという原種。この2種の雑種は淡いピンクの花。

シレネ 'ファイヤーフライ'
Silene dioica 'Firefly'

レッドキャンピオンの二重咲き。フリルの効いた花形で小さなカーネーションのよう。背が高く、花壇の後方に良い。性質は丈夫。

初夏 Summer

リクニス コロナリア
スイセンノウ　*Silene coronaria*
ナデシコ科　東南ヨーロッパ

立性　↕60〜100cm　←25〜40cm→

赤／白

日照 日なた　耐寒性 強　耐暑性 強
土壌 やや乾　寿命 短　成長速度 普

特徴：綿毛に覆われた葉茎は白味が強く、赤紫の花との対比も良い。こぼれダネでふえて群生。
栽培：暑さ、寒さに強いが高温多湿に弱く、暖地では水はけの良いやや乾いた場所に植える。

月	1	2	3	4	5	6	7	8	9	10	11	12
観賞					花							
				葉								
作業			植付									
			施肥									
						花後剪定						
			株分									

リクニス コロナリア 'エンジェルス ブラッシュ'
Silene coronaria 'Angel's Blush'

白花の中央に、うっすらとピンクを帯びた花色がとても繊細。上品な色合いで人気がある。よく分岐してたくさんの花を咲かせる。

リクニス コロナリア 'アルバ'
Silene coronaria 'Alba'

コロナリアの白花種。葉と花のオールホワイトの組み合わせが美しく、ローズガーデンにも似合う。すらりと伸びた花姿が美しい。

リクニス コロナリア 'ガーデナーズ ワールド'
Silene coronaria 'Gardeners World'

コロナリアの八重咲き品種。深い花色は小さなバラのように見える。タネができない改良種なので花期が長いが、生育はやや遅い。

ポレモニウム 'パープル レイン'
Polemonium caeruleum ssp. *yezoense* 'Purple Rain'
ハナシノブ科　日本

立性　↕40〜60cm　←25〜40cm→

青／銅

日照 日なた〜半日陰　耐寒性 強　耐暑性 弱
土壌 普　寿命 普　成長速度 普

特徴：エゾハナシノブの銅葉種。気温が低いほど葉色が黒くなる。青紫の花との色合いも奇麗。
栽培：高温多湿に弱く、水はけ、風通し良く。暖地では夏に半日陰になる場所に。耐寒性は強い。

月	1	2	3	4	5	6	7	8	9	10	11	12
観賞					花							
				葉								
作業			植付									
			施肥									
						花後剪定						
			株分									

ポレモニウム 'アプリコット デライト'
Polemonium carneum 'Apricot Delight'

カルネウムの品種。丸弁の花で、咲き始めアプリコット色が徐々にピンクになる。淡いパステル調の色の移り変わりが美しい。

ゲウム 'マイタイ'

ゲウム 'バナナ ダイキリ'
Geum 'Banana Daiquiri'

マイタイと同じ「カクテルシリーズ」の一種。クリーム色を帯びた淡い黄色の花で品種名をよく表している。小型で花付きも良い。

ゲウム 'マイタイ'
ダイコンソウ　Geum 'Maitai'
バラ科　園芸種

特徴：ダイコンソウの園芸種で、人気のアプリコット色。コンパクトな株姿でたくさんの花を咲かせる。
栽培：多湿に注意し、明るい半日陰で水はけの良い場所へ植栽。耐寒性、耐暑性があり丈夫。

ゲウム リバレ
フウリンダイコンソウ　Geum rivale
バラ科　北アメリカ など

特徴：フウリンダイコンソウとも呼ばれ、趣がある。丈夫で株もよく張り、たくさんの花を上げる。
栽培：水分を好み、強く乾燥しない明るい半日陰で栽培。開花には寒さが必要。耐暑性も強い。

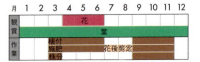

ギレニア トリフォリアタ
ミツバシモツケ　Gillenia trifoliata
バラ科　北アメリカ

特徴：直立する花茎がよく分岐し、星型の花が一面に咲く。姿が美しく、秋の紅葉も楽しめる。
栽培：明るい半日陰が適地。丈は肥沃な土地で高く痩せ地で低くなる。紅葉、落葉後越冬する。

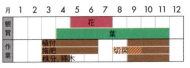

ギレニア 'ピンク プロフュージョン'
Gillenia trifoliata 'Pink Profusion'

美しい姿で人気が高いミツバシモツケ。花は淡いピンクの品種で、小花を散りばめるように咲き、可憐な印象。秋の赤い紅葉も良い。

ポテンティラ

ポテンティラ カラブラ
Potentilla calabra
バラ科　イタリア

這い性 10〜20cm ←30〜40cm→

黄・銀

特徴：淡い黄花、銀灰色の葉が特徴の原種。這い性で広がりのある草姿だが、小型で伸びすぎない。

栽培：乾燥に強く、日なたで乾きやすい場所では葉色が良く枝も徒長しない。高温多湿に注意。

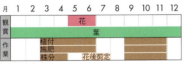

初夏 Summer

ポテンティラ クランジー
Potentilla crantzii
バラ科　ヨーロッパ

這い性 8〜15cm ←30〜40cm→

黄・緑

特徴：葉が密生して育つ小型の原種。小さな黄色の花がびっしりと咲く。ロックガーデンにも。

栽培：耐寒性、耐暑性があり丈夫だが多湿による蒸れに注意。日陰では徒長するので日なたへ。

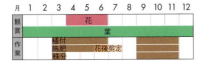

ポテンティラ'ヘレン ジェーン'
Potentilla nepalensis 'Helen Jane'
バラ科　ネパール

広がる1 20〜30cm ←40〜70cm→

桃・緑

特徴：蛍光色の目立つ色だが花が小さく、可憐な雰囲気。よく分岐し広がりのある姿で咲く。

栽培：原種は乾燥した痩せ地に自生。多肥、多湿を避け日なたに。寒さに当たることで開花。

ポテンティラ　レクタ'アルバ'
Potentilla recta 'Alba'
バラ科　ヨーロッパ

立性 20〜30cm ←40〜80cm→

白・緑

特徴：花径1cm程の端正な小花を咲かせる。荒地にも強く、株が広がり次々によく咲く。

栽培：暑さ寒さに強く土質も選ばない。痩せ地や乾燥に強いが、逆の場所では丈が伸び過ぎる。

ゲラニウム

ゲラニウム'ジョンソンズ ブルー'
Geranium 'Jonson's Blue'
フウロソウ科　園芸種

特徴：ブルーのゲラニウムの代表的な品種。鮮明なブルーの薄い花弁は、他の花には代えがたい美しさがある。やや早咲きで5月頃から咲き、夏まで次々に花を上げる。比較的丈夫で広がり、大株になるほど花期が長くなる。秋冬は赤く紅葉し、落葉して越冬する。

栽培：寒さに強いが高温多湿に弱いので、暖地での栽培には工夫が必要。強い乾燥を嫌うので、やや湿り気がある場所の方が、生育が良い。しかし、暖地では水分が夏の高温多湿による蒸れの原因になるので、適度な水分のある場所に水はけの良い用土で植栽すると、高温時の根腐れが防げる。ただし、雨の少ない時期は、強く乾燥しないように、庭植えでも潅水が必要。風通しを十分に確保し、夏はやや半日陰になる木陰などに向く。寒冷地など、夏に涼しい地域では放任で良く、周年日なたの場所に植栽できる。

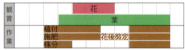

ゲラニウム マクロリズム
Geranium macrorrhizum

厚い葉が密に茂り、まとまりのある草姿で小花をたくさん咲かせる。赤く紅葉し、冬は常緑。性質が丈夫でグランドカバーに良い。

ゲラニウム マキュラタム'エスプレッソ'
Geranium maculatum 'Espresso'

ブラウン色の葉が美しく、花期には、すらっと立ち上がり、淡いピンクの花をたくさん咲かせる。地下の根茎で広がる。冬は落葉する。

ゲラニウム レナルディ
Geranium renardii
フウロソウ科　コーカサス

特徴：白に紫のラインがはっきり入る美花。草姿が特徴的で、厚く柔らかい葉がこんもり茂る。
栽培：乾燥した場所に自生する原種で、水はけの良い日なたに向く。ロックガーデンにも合う。

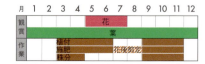

ゲラニウム'シラク'
Geranium 'Sirak'

透明感のある明るいピンクに筋が入る、やや大輪タイプ。株はコンパクトに育ち、花が一斉に咲くので姿が良い。性質は丈夫。

ゲラニウム エンドレッシー
Geranium endressii

淡いピンクの小花がドーム状になって咲く。オクソニアナムの交配種で、同様に花期が長く、涼しい地域では初夏から秋まで咲き続ける。

ゲラニウム ピレナイカム 'ビル ウォーリス'
Geranium pyrenaicum 'Bill Wallis'
フウロソウ科　ヨーロッパ

特徴：柔らかな株姿で、花期がとても長く、春から秋遅くまで、2cm ほどの小花が一面に咲く。
栽培：性質は強健。寒さに強く暑さにも耐えるので、暖地でも比較的容易に栽培できる。

ゲラニウム ピレナイカム 'サマー スノー'
Geranium pyrenaicum 'Summer Snow'

ピレナイカムの白花品種。花期が長く、春から秋遅くまで小花が舞うように咲き、他の草花との植栽も合わせやすい。

ゲラニウム オクソニアナム 'シアウッド'
Geranium × *oxonianum* 'Sherwood'
フウロソウ科　ヨーロッパ

特徴：細い花弁が可憐。オクソニアナムの系統は花が少しずつ長期間咲くので長く楽しめる。
栽培：この系統は比較的耐暑性があり育てやすい。明るい半日陰の肥沃な土地で生育が良い。

ゲラニウム ファエウム
クロバナフウロ　*Geranium phaeum*
フウロソウ科　南ヨーロッパ

特徴：別名クロバナフウロ。シックな花が風に揺れて良い風情を出す。適地では群生する。
栽培：ファエウムの系統は少し湿り気のある肥沃な半日陰が適する。多少の乾燥に耐え丈夫。

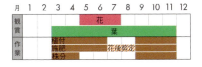

ゲラニウム ファエウム 'アルバム'
Geranium phaeum 'Albam'

ファエウムの白花種。黒花とはまた違った爽やかで清楚な印象。背が高くなるが線が細いので他の草花と合わせても奇麗。

ゲラニウム オクソニアナム 'クラリッジ ドリュース'
Geranium × *oxonianum* 'Claridge Druce'

オクソニアナムの代表的な品種。丈夫さ、花期の長さが優れるため、有名ガーデンで多用されている。初心者にもおすすめ。

ゲラニウム プラテンセ 'スプリッシュ スプラッシュ'
Geranium pratense 'Splish Splash'

プラテンセの品種。白に青いラインがランダムに入り白や青の単色の花も混ざる。花色の幅があり面白い。背が高く見栄えが良い。

ゲラニウム プラテンセ
ノハラフウロ　*Geranium pratense*
フウロソウ科　ヨーロッパ

立性 ↑40〜70cm ←40〜60cm→

青　緑

日照 日なた〜半日陰　耐寒性　耐暑性
土壌 普　寿命 普　成長速度 普

特徴：背が高くなり、花期に花茎が伸び、先端部に花をまとまって咲かせる。冬は落葉する。
栽培：やや湿った草原に自生する。暖地では高温多湿に注意し、水はけ良いやや半日陰に向く。

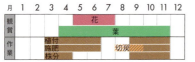

ゲラニウム プラテンセ 'ダブル ジュエル'
Geranium pratense 'Double Jewel'

プラテンセの八重咲き種。小輪ながら、弁先の尖った花弁の重なり合う姿が美しく、品種名のとおり宝石が輝いているよう。

ゲラニウム マグニフィカム
Geranium × magnificum
フウロソウ科　園芸種

立性 ↑40〜60cm ←25〜50cm→

青　緑

日照 日なた〜半日陰　耐寒性　耐暑性
土壌 普　寿命 普　成長速度 普

特徴：欧州で多用される有名種。大輪で色が濃い。葉は柔らかく大きめで、紅葉する。
栽培：やや湿った肥沃な日なたを好むが、半日陰や乾燥にも耐える。丈夫で手間がかからない。

ゲラニウム サンギネウム 'アルバム'
Geranium sanguineum 'Album'

サンギネウムの品種。基本種に比べて葉が細かく枝が伸びやかで、ふんわりとしたドーム状に茂る。暑さに耐え暖地でも育てやすい。

ゲラニウム 'フィリップ バッペル'
Geranium 'Philippe Vapelle'

明るく爽やかな青紫に濃い紫のラインが入る大輪花。レナルディの交配種で、似た厚い葉だが背は高くなり、花付きが良い。

ゲラニウム サンギネウム 'ナヌム'
アケボノフウロ　*Geranium sanguineum* 'Nanum'
フウロソウ科　ヨーロッパ

こんもり ↑20〜30cm ←40〜70cm→

桃　緑

日照 日なた　耐寒性　耐暑性
土壌 普　寿命 長　成長速度 普

特徴：アケボノフウロの矮性種。ドーム状にふんわりと茂り、ネオンピンクの花が一面に咲く。
栽培：暑さ寒さに耐え、性質が丈夫で育てやすい。やや乾き気味の日なたで風通し良く育てる。

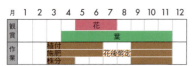

ゲラニウム サンギネウム 'エルク'
Geranium sanguineum 'Elke'

サンギネウムの品種。中央が濃いピンクで外側に向かって徐々に淡くなるグラデーションが美しい。コンパクトで姿もまとまる。

ゲラニウム サンギネウム ストリアタム
Geranium sanguineum var. *striatum*

淡いピンクの美しい花。丈夫な性質で広がるようにふえて、コンパクトに姿良く咲く。大株になると見応えがある。冬季は半常緑。

初夏 Summer

ゲラニウム'ロザンネ' 🏅
Geranium 'Rozanne'
フウロソウ科　園芸種

青　緑

広がる1　↑30〜50cm　←60〜100cm→

日照 日なた〜半日陰　耐寒性 ❄　耐暑性 ☀
土壌 普　寿命 長　成長速度 早

特徴：ウォルキアナムの改良種。美しい青紫の花で、気温が高い時期はピンクに、低い晩秋などは花色がとても濃く鮮明な青になる。四季咲き性があり、暖地では初夏と秋冬に、寒冷地では真夏も含め晩秋まで咲き、驚くほど花期が長い。生育がとても早く丈夫で株が大きくなる。耐暑性に難があるゲラニウムにおいて、暑さに強いうえ、花期も長い品種はとても少なく、暖地でも無理なく育てられる数少ない品種の1つ。大きく茂るが、この系統の従来種よりも背が低く、姿がコンパクトにまとまる。

栽培：肥沃な場所を好み、暖地では夏に半日陰になる場所へ。寒冷地では伸びが良いので日なたに植栽し、徒長しないようにしっかり育てる。真夏などに伸び過ぎたら株全体を短く剪定して姿を整える。

月	1	2	3	4	5	6	7	8	9	10	11	12
観賞						花	花	花	花	花	花	
				葉	葉	葉	葉	葉	葉	葉	葉	
作業			植付	植付	植付					植付	植付	
			施肥	施肥	施肥					施肥	施肥	
			株分	株分			花後剪定	花後剪定		株分	株分	

ゲラニウム'ライラック アイス'
Geranium 'Lilac Ice'

ラベンダー色を帯びた、とても淡いピンクの花で、品種名のとおり清涼感がある。'ロザンネ'の同系品種で生育が早く、花期が長い。

ゲラニウム'ブルー サンライズ'
Geranium 'Blue Sunrise'
フウロソウ科　園芸種

立性　↑30〜40cm　←30〜40cm→

紫　黄

日照 日なた〜半日陰　耐寒性 ❄　耐暑性 ☀
土壌 普　寿命 普　成長速度 普

特徴：芽吹きは特に鮮やかな葉色で、花期には淡くなるが、紫花との対比が良い。花期が長い。
栽培：日当たりが良いと花付き、葉色が良いが、夏は暑さや強光で葉焼けしないよう、やや半日陰へ。

ゲラニウム'ピンク ペニー'
Geranium 'Pink Penny'

ウォルキアナムの改良種で、'ロザンネ'と同系の品種。鮮やかなピンクの花にはっきり筋が入り美しい。花期長く、生育も早い。

ゲラニウム'スイート ハイジ'
Geranium 'Sweet Heidy'

ウォルキアナムの改良種で、'ロザンネ'と同系の品種。大輪で白い中央部が透けているような覆輪咲き。同系では咲き始めが遅い。

月	1	2	3	4	5	6	7	8	9	10	11	12
観賞						花	花					
				葉	葉	葉	葉	葉	葉	葉	葉	
作業			植付	植付						植付	植付	
			施肥	施肥			花後剪定	花後剪定		施肥	施肥	
			株分	株分						株分	株分	

ペラルゴニウム シドイデス
Pelargonium sidoides
フウロソウ科　南アフリカ

赤　銀　香

日照 日なた　耐寒性　耐暑性
土壌 やや乾　寿命 長　成長速度 普

特徴：原種のペラルゴニウム。銀灰色の丸い葉と深い色の小花が美しい。花期が長く人気。
栽培：自生地は乾燥した砂漠の周辺。乾燥や暑さに強く多湿を嫌う。寒冷地では防寒が必要。

月	1	2	3	4	5	6	7	8	9	10	11	12
観賞			花							花		
			葉									
作業		植付										
		施肥			花後剪定							
		株分、挿木										

エロディウム マネスカヴィ
Erodium manescavii
フウロソウ科　南ヨーロッパ

桃　緑

日照 日なた　耐寒性　耐暑性
土壌 普　寿命 普　成長速度 普

特徴：低く生育し、伸びた花茎に星型の花を咲かせる。花期が長く、初夏から冬近くまで咲く。
栽培：比較的、耐暑性があり、ある程度の湿気は耐えるが、高温多湿には注意。冬も常緑。

月	1	2	3	4	5	6	7	8	9	10	11	12
観賞						花			花			
				葉								
作業			植付									
			施肥									
			株分									

クナウティア アルベンシス
Knautia arvensis
スイカズラ科　北アメリカ

紫　緑

日照 日なた〜半日陰　耐寒性　耐暑性
土壌 普　寿命 普　成長速度 普

特徴：ピンクを帯びた淡いライラック色の花。高い位置で咲き、ゆらゆらと揺れる姿が美しい。
栽培：水はけの良い日なたで植栽する。やや乾き気味の適地では、こぼれダネでふえて群生する。

月	1	2	3	4	5	6	7	8	9	10	11	12
観賞					花							
				葉								
作業			植付									
			施肥		花後剪定							
			株分									

クナウティア 'マース ミジェット'
Knautia macedonica 'Mars Midget'

花茎が分岐し、ルビーレッドの小花をたくさん咲かせる。従来種より小型で四季咲き性が強い。こぼれダネでふえることもある。

アンチューサ アズレア
Anchusa azurea
ムラサキ科　ヨーロッパ、西アジア など

青　緑

日照 日なた　耐寒性　耐暑性
土壌 やや乾　寿命 短　成長速度 普

特徴：花茎がよく分岐し、小花をたくさん咲かせる。大型で野生的な草姿だが、青花がとても可憐。
栽培：やや乾いた日なたを好み、高温多湿に注意。主に一、二年草扱い。適地ではこぼれダネで群生。

月	1	2	3	4	5	6	7	8	9	10	11	12
観賞					花							
				葉								
作業			植付									
			施肥		花後剪定							
			株分									

スカビオサ

スカビオサ コルンバリア ナナ
Scabiosa columbaria f.nana
スイカズラ科　アフリカ

青 / 緑

こんもり　15～30cm　15～25cm

日照：日なた～半日陰　耐寒性：強　耐暑性：普
土壌：普　寿命：普　成長速度：普

特徴：ヒメマツムシソウの名で流通。コンパクトな姿で、春から秋まで花を上げ、長期間咲く。
栽培：日当たり、水はけ良く、冷涼な気候を好む。葉が密生するので、暖地では高温多湿に注意。

月	1	2	3	4	5	6	7	8	9	10	11	12
観賞						花	花	花	花	花	花	
	葉	葉	葉	葉	葉	葉	葉	葉	葉	葉	葉	葉
作業			植付	植付					植付	植付		
			施肥	施肥								
			株分	株分					花後剪定	花後剪定		

スカビオサ'ピンクッションピンク'
Scabiosa columbaria f.nana 'Pincushion Pink'

明るいピンクのマツムシソウ。咲き進むと紫がかる。四季咲き性があり長く咲き、ほとんど姿が乱れないので寄せ植えや狭小地に向く。

スカビオサ'ムーン ダンス'
Scabiosa ochroleuca 'Moon Dance'
スイカズラ科　ヨーロッパ

黄 / 緑

こんもり　30～40cm　30～40cm

日照：日なた　耐寒性：強　耐暑性：強
土壌：やや乾　寿命：普　成長速度：普

特徴：淡い黄色のマツムシソウ、オクロレウカの小型改良種。花期が長く、小花を次々と咲かせる。
栽培：やや乾燥した日なたを好み痩せ地でも育つ。高温多湿と多肥は避ける。こぼれダネでふえる。

月	1	2	3	4	5	6	7	8	9	10	11	12
観賞						花	花	花	花	花	花	
	葉	葉	葉	葉	葉	葉	葉	葉	葉	葉	葉	葉
作業			植付	植付					植付	植付		
			施肥	施肥								
			株分	株分					花後剪定	花後剪定		

スカビオサ'スノー メイデン'
Scabiosa atropurpurea 'Snow Maiden'
スイカズラ科　南ヨーロッパ

立性　60～100cm　30～50cm

白 / 緑

日照：日なた　耐寒性：強　耐暑性：普
土壌：普　寿命：短　成長速度：普

特徴：木質化し、草丈が高くなるアトロパープレア種。可憐な白花で、切り花でも人気がある。
栽培：日当たり水はけ良く。高性なので支柱があると良い。花後は切り戻す。極寒冷地では防寒を。

月	1	2	3	4	5	6	7	8	9	10	11	12
観賞					花	花			花	花		
	葉	葉	葉	葉	葉	葉	葉	葉	葉	葉	葉	葉
作業			植付	植付					植付	植付		
			施肥	施肥		花後剪定						
			摘心	摘心				株分	株分			

スカビオサ'エース オブ スペード'
Scabiosa atropurpurea 'Ace of Spades'

アトロパープレア種の黒花で、引き締まったシックな色が目を引く。この系統は花後に短く切り戻すと、姿良く繰り返し咲く。

スカビオサ'ボジョレー ボンネット'
Scabiosa atropurpurea 'Beaujolais Bonnets'

アトロパープレア種。深みのあるラズベリーレッドの花で咲き進むと白い縁取りが現れる。アンティークのレースのような美花。

スカビオサ'ドラムスティック'
Scabiosa stellata 'Drumstick'
スイカズラ科
南西ヨーロッパ、北アフリカ

立性　60～100cm　30～60cm

青 / 緑

日照：日なた　耐寒性：弱　耐暑性：弱
土壌：普　寿命：短　成長速度：普

特徴：花後のタネが面白く、切り花、ドライに人気。花は淡い青～白。柔らかい枝が良く伸びる。
栽培：伸びが早く、定期的に切って低く育てる。暖地では夏までの一年草扱い。寒冷地では防寒を。

月	1	2	3	4	5	6	7	8	9	10	11	12
観賞						花	花	花	花	花	花	
	葉	葉	葉	葉	葉	葉	葉	葉	葉	葉	葉	葉
作業			植付	植付					植付	植付		
			施肥	施肥					花後剪定	花後剪定		
			摘心	摘心				株分	株分			

初夏 *summer*

バプティシア オーストラリス
ムラサキセンダイハギ(紫先代萩)
Baptisia australis
マメ科　北アメリカ

青　緑

日照 日なた〜半日陰　耐寒性　耐暑性
土壌 普　寿命 長　成長速度 普

立性　80〜150cm　←50〜100cm→

特徴：ムラサキセンダイハギで流通。株立ちになり、背が高く伸びて青いマメの花を咲かせる。
栽培：半日陰でも咲くが日なたで花付きが良くなる。多湿を嫌う。耐寒耐暑性に優れる。

月	1	2	3	4	5	6	7	8	9	10	11	12
観賞					花							
				葉								
作業			植付									
			施肥		花後剪定							
			株分									

バプティシア 'アルバ'
Baptisia australis 'Alba'

センダイハギの白花種。よく株が張り、たくさん花を上げる。青花同様に背が高く、花壇後方に。痩せ地でも育ち、肥料もほとんど不要。

バプティシア ブラクテアタ
Baptisia bracteata
マメ科　中央アメリカ

乳白　緑

日照 日なた〜半日陰　耐寒性　耐暑性
土壌 普　寿命 長　成長速度 遅

広がる1　30〜60cm　←60〜80cm→

特徴：センダイハギの一種。花茎が立ち、淡黄色の花穂が枝垂れるように広がるユニークな姿。
栽培：耐寒耐暑性があり、乾燥にも耐える丈夫な種。日当たり、風通し良く。生育はやや遅い。

月	1	2	3	4	5	6	7	8	9	10	11	12
観賞					花							
				葉								
作業			植付									
			施肥		花後剪定							
			株分									

セリンセ マヨール 'パープラセンス'
キバナルリソウ、ハニーワーツ
Cerinthe major 'Purpurascens'
ムラサキ科　地中海沿岸、ポルトガル

紫　銀

日照 日なた〜半日陰　耐寒性　耐暑性
土壌 やや乾　寿命 短　成長速度 普

立性　40〜60cm　←25〜60cm→

特徴：斑点の入る銀灰色の葉に、紫の濃い花が下向きに咲く。独特な色で目を引く。
栽培：日当たり、水はけ良く。主に一年草扱いだが、こぼれダネでふえる。寒冷地では防寒を。

月	1	2	3	4	5	6	7	8	9	10	11	12
観賞					花				花			
				葉								
作業			植付									
			施肥									
					花後剪定							

株分不可

ツボサンゴ
Heuchera sanguinea
ユキノシタ科　北アメリカ、メキシコ　こんもり　30〜50cm　←30〜40cm→

赤　緑

日照 日なた〜半日陰　耐寒性　耐暑性

土壌 普　寿命 普　成長速度 遅

特徴：葉がこんもりと密生し、小花を立ち上げて咲かせる。国内でも古くから親しまれている。
栽培：明るい半日陰で、強く乾かない場所に向く。水分を好むが多湿が続くと腐るので注意。

月	1	2	3	4	5	6	7	8	9	10	11	12
観賞				花	花	花						
				葉	葉	葉	葉	葉	葉	葉		
作業		植付	植付					植付	植付	植付		
		施肥	施肥	花後剪定	花後剪定	花後剪定		施肥	施肥	施肥		
		株分	株分					株分	株分			

初夏 Summer

ヒューケレラ'ブリジット ブルーム'
Heucherella 'Bridet Bloom'
ユキノシタ科　北アメリカ、メキシコ　こんもり　30〜50cm　←30〜50cm→

桃　緑

日照 日なた〜半日陰　耐寒性　耐暑性

土壌 普　寿命 普　成長速度 遅

特徴：ツボサンゴとティアレラの交配種。両種の中間的な花、葉で、花付き良く、性質も丈夫。
栽培：ツボサンゴよりも日なたに耐える。強い乾燥、多湿を避け、風通しの良い明るい日陰に。

月	1	2	3	4	5	6	7	8	9	10	11	12
観賞				花	花	花						
				葉	葉	葉	葉	葉	葉	葉		
作業		植付	植付					植付	植付			
		施肥	施肥	花後剪定	花後剪定	花後剪定		施肥	施肥			
		株分	株分					株分	株分			

ティアレラ'スプリング シンフォニー'
Tiarella 'Spring Symphony'
ユキノシタ科　北アメリカ　こんもり　20〜30cm　←20〜40cm→

桃　緑

日照 日なた〜半日陰　耐寒性　耐暑性

土壌 普　寿命 普　成長速度 遅

特徴：ツボサンゴの近縁種。花期に可憐な花がびっしりと咲き揃う。形の良い葉も観賞できる。
栽培：やや肥沃な、風通し良い明るい半日陰へ。強い乾燥は苦手。多湿を避け、風通し良く。

月	1	2	3	4	5	6	7	8	9	10	11	12
観賞				花	花							
				葉	葉	葉	葉	葉	葉	葉		
作業			植付	植付				植付	植付			
			施肥	施肥				施肥	施肥			
			株分	株分	花後剪定	花後剪定	花後剪定					

ヤグルマソウ(矢車草)
Rodgersia podophylla
ユキノシタ科　日本、朝鮮半島

白　緑

個性的　60～100cm

日照 半日陰　耐寒性　耐暑性
土壌　寿命　成長速度 普

特徴：大きく茂る迫力ある草姿。日本では山野で普通に見られる。海外での評価、人気が高い。
栽培：やや湿った沢沿いや林床に自生する。水分のある肥沃な土壌で、半日陰が適する。

月	1	2	3	4	5	6	7	8	9	10	11	12
観賞					花							
					葉							
作業			植付									
			施肥		花後剪定							
			株分									

ヤグルマソウ'チョコレート ウイング'
Rodgersia pinnata 'Chocolate Wing'

中国のヤグルマソウ、ピンナータの品種。芽吹きの葉が銅色で花の頃には深緑に変わる。花はピンク。

ヘメロカリス
デイリリー　*Hemerocallis*
ワスレグサ科　東アジア

桃　赤　紫　青
黄　白　乳白　その他　緑

立性　30～150cm　30～120cm

日照 日なた～半日陰　耐寒性　耐暑性
土壌 普　寿命 長　成長速度 普

特徴：日本や中国のキスゲやカンゾウを元にした改良種。2万以上の品種があるといわれる。
栽培：暑さ寒さに強く土質も選ばない、とても強健な性質。アブラムシが付きやすいので注意。

月	1	2	3	4	5	6	7	8	9	10	11	12
観賞					花							
				葉								
作業			植付									
			施肥		花後剪定							
			株分									

ヘメロカリス'カスタード キャンディ'

ヘメロカリス'シカゴ アパッチ'

ヘメロカリス'ジャニス ブラウン'

ヘメロカリス'チェリー バレンタイン'

ヘメロカリス'ブラックベリー キャンディ'

ヘメロカリス'ベラ ルゴシ'

アスチルベ

アスチルベ'ショースター'
Astilbe 'Showstar'
ユキノシタ科　園芸種

特徴：ふわっとした柔らかな花穂が魅力的。イングリッシュガーデンなどに多用され、ヨーロッパでは「庭に必ずある」といってもいいほど。本種'ショースター'は主に実生から栽培される品種で、花色が多い。花付きが良く、コンパクトに咲くため鉢物としての流通も多い。庭に植えた場合も、背が低く咲くため花壇の前方から中程に使いやすい。

栽培：風通しが良く肥沃な土壌を好む。ほとんど放任でも毎年開花するが、強い乾燥を嫌うため潤湿な場所に。特に暖地では、暑さや乾燥で弱るので、涼しい半日陰で乾燥しない場所が良い。夏に冷涼な地域では日なた、半日陰を問わないが、乾燥に注意。冬は落葉して越冬するが、低温に当たって翌年開花するので暖房は不可。寒冷地でも戸外で放任。

アスチルベ'カプチーノ'
Astilbe × arendsii 'Cappucino'

茶系の葉色でクリーム色の泡のような花を咲かせ、品種名がよく似合う。葉は芽吹き時に赤みが強く、徐々に暗緑色に変わる。

アスチルベ'チョコレート ショーグン'
Astilbe thunbergii 'Chocolate Shogun'

日本のアスチルベ、トリアシショウマの銅葉品種。葉色が常に濃く、淡くならない。普通種と違い、野草的な小さめの花を咲かせる。

アスチルベ'ファナル'
Astilbe × arendsii 'Fanal'

深い赤で、花が密に咲く品種。柔らかな印象がありながら、引き締まった色で目を引き、ガーデンのアクセントとして使える。

アスチルベ'ヴァイセ グロリア'
Astilbe × arendsii 'Weisse Gloria'

大輪の高性種。真っ白で濃密な花穂をたくさん上げ、柔らかな雰囲気が美しい。花付き良く、花も大きいので、大株になると見え十分。

アスチルベ'ピーチ ブロッサム'
Astilbe × rosea 'Peach Blossom'

ロゼアの改良種。パステル調の明るいピンクの花。株姿がコンパクトで花付きが良いので、姿が可愛らしくまとまる人気品種。

アスチルベ'レッド チャーム'
Astilbe × arendsii 'Red Charm'

花茎が高く伸び、アーチ状に花穂を垂らす。立性とはまた違った印象で風情がある。蕾は赤く、咲くとピンクに変わる。

アスチルベ、リナリア、ヒューケラなどのボーダーガーデン。小花類を多く植え、自然な雰囲気を演出(軽井沢 ルゼ・ヴィラ)。

夏
Summer

日本の高温多湿、
強い日差しに
負けない花は貴重です。
暑さが苦手な植物は、
半日陰に移動するか
遮光するなど、
工夫します。

ラバテラ'ファーストライト'

ラバテラ クレメンティ
ハナアオイ　*Lavatera × clementii*
アオイ科　園芸種

立性
120～180cm
←80～120cm→

桃　緑

日照 日なた｜耐寒性 強｜耐暑性 強
土壌 普｜寿命 長｜成長速度 普

特徴：原種オルビアとツリンギアカの交雑種。木立で大きく茂り見事に咲く。暑さに強く丈夫。
栽培：日当たり、水はけの良い場所で、放任で良い。花後や秋冬に切り戻して高さを調整する。

月	1	2	3	4	5	6	7	8	9	10	11	12
観賞						花	花	花				
				葉	葉	葉	葉	葉	葉	葉		
作業			植付					花後剪定				
			施肥									
			株分、挿木									

ラバテラ クレメンティ

ルリマツリモドキ
Ceratostigma plumbaginoides
イソマツ科　中国、ヒマラヤ

広がる2
15～25cm
←40cm以上→

青　緑

日照 日なた～半日陰｜耐寒性｜耐暑性 強
土壌 普｜寿命 長｜成長速度 普

特徴：奇麗な青の小花で、花後剪定で初夏から秋遅くまで繰り返し長く咲く。地下茎で広がる。
栽培：半日陰でも咲くが日なただと草丈が低い。寒さ暑さに強く丈夫だが、強い乾燥を嫌う。

月	1	2	3	4	5	6	7	8	9	10	11	12
観賞						花	花	花	花	花		
				葉	葉	葉	葉	葉	葉	葉		
作業			植付					花後剪定				
			施肥									
			株分、挿木									

ケロネ リオニー
Chelone lyonii
オオバコ科　アメリカ南東部

立性
60～100cm
←40～60cm→

桃　緑

日照 日なた～半日陰｜耐寒性｜耐暑性 強
土壌 普｜寿命 普｜成長速度 普

特徴：地下茎が伸び硬い茎が立ち、開花する。花形がユニークで愛嬌がある。切り花にも向く。
栽培：耐寒、耐暑性強くほぼ放任だが、食害虫の予防消毒をし、半日陰で葉焼けを避ける。

月	1	2	3	4	5	6	7	8	9	10	11	12
観賞								花	花	花		
				葉	葉	葉	葉	葉	葉	葉		
作業			植付							花後剪定		
			施肥									
			株分、挿木									

キキョウ（桔梗）
Platycodon grandiflorus
キキョウ科　東アジア

立性　20〜120cm　←15〜80cm→

桃　紫　青　白　その他　緑

日照 日なた〜半日陰　耐寒性 強　耐暑性 強
土壌 普　寿命 長　成長速度 普

特徴：古くから栽培され、切り花としても親しまれている。最近は小型種が主に流通する。
栽培：日陰、多湿を嫌い、水はけの良い日なたが適す。花後半分より少し上で切ると再び咲く。

月	1	2	3	4	5	6	7	8	9	10	11	12
観賞						花	花	花	花	花		
				葉	葉	葉	葉	葉	葉	葉	葉	
作業			植付	植付	植付					花後剪定	花後剪定	
			施肥	施肥					花後剪定	花後剪定		
			株分	株分								

ロベリア スペシオサ
Lobelia × speciosa
キキョウ科　北アメリカ　など

立性　60〜100cm　←40〜70cm→

赤　緑

日照 日なた〜半日陰　耐寒性 強　耐暑性 強
土壌 適　寿命 普　成長速度 普

特徴：北米のサワギキョウの交配種。高く伸び、鮮やかな花を咲かせる。暑い時期でも長く咲く。
栽培：湿地に自生するため水分を好むが、水が溜まると弱る。湿潤な場所に水はけ良い用土で。

月	1	2	3	4	5	6	7	8	9	10	11	12
観賞						花	花	花				
				葉	葉	葉	葉	葉	葉	葉		
作業			植付	植付					花後剪定	花後剪定		
			施肥	施肥								
			株分、挿木									

クガイソウ 'ファシネーション'
Veronicastrum virginicum 'Fascination'
オオバコ科（ゴマノハグサ科）　北アメリカ

立性　60〜100cm　←80cm以上→

紫　緑

日照 日なた〜半日陰　耐寒性 強　耐暑性 強
土壌 普　寿命 長　成長速度 普

特徴：北米産クガイソウの品種。日本のクガイソウに比べ花色が鮮明で性質が強い。
栽培：半日陰でも咲くが日なたの方が、花付きが良く、倒伏しない。水はけ、風通しの良い場所に。肥沃だと伸びるので支柱が必要。

月	1	2	3	4	5	6	7	8	9	10	11	12
観賞						花	花	花				
				葉	葉	葉	葉	葉	葉	葉	葉	
作業			植付	植付					花後剪定	花後剪定		
			施肥	施肥								
			株分	株分								

ガイラルディア 'プルーム'
Gaillardia pulchella 'Plume'
キク科　北アメリカ、メキシコ

こんもり　20〜30cm　←30〜40cm→

赤　橙　黄　その他　緑

日照 日なた　耐寒性 強　耐暑性 強
土壌 普　寿命 普　成長速度 普

特徴：テンニンギクの品種。手毬のような可愛い花。従来種よりも小型で花付きが良い。
栽培：暑さ寒さに強く土質を選ばない。痩せ地や乾燥に強いが、高温時の多湿に弱いので注意が必要。

月	1	2	3	4	5	6	7	8	9	10	11	12
観賞							花	花	花	花		
				葉	葉	葉	葉	葉	葉	葉	葉	
作業			植付	植付					花後剪定	花後剪定		
			施肥	施肥								
			株分、挿木									

ホリーホック

ホリーホック
タチアオイ *Alcea rosea*
アオイ科 ヨーロッパ

桃 赤 黄
白 乳白 その他 緑

立性 60〜200cm ←50〜100cm→

日照 日なた｜耐寒性｜耐暑性 強
土壌 普｜寿命 長｜成長速度 早

特徴 夏の暑い頃に似合う、明るい花が元気に咲く。背が高くなりガーデンの背景に美しい。
栽培 水はけの良い日なたを好む。暑さ、寒さに強く、性質が極めて丈夫。土質も選ばない。

月	1	2	3	4	5	6	7	8	9	10	11	12
観賞					花	花	花					
				葉	葉	葉	葉	葉	葉	葉		
作業			植付 施肥 株分	植付 施肥 株分	植付 施肥 株分		花後剪定	花後剪定				

ホリーホック 'チェストナット ブラウン'
Alcea rosea 'Chaters chestnut brown'

八重咲きのタチアオイ、チャターズダブルシリーズの品種。おしゃれな褐色系の花色で華やかな色の花と組み合わせると、アクセントになる。

ホリーホック 'シャモイス ローズ'
Alcea rosea 'Chater's Chamois Rose'

八重咲きのタチアオイ。淡黄色に、うっすらとアプリコットを帯びるパステル調の上品な花色。花も大きめで柔らかな印象。

ホリーホック 'チャターズ イエロー'
Alcea rosea 'Chaters Yellow'

八重咲きのタチアオイ。花形、花色とも安定したチャターズダブルシリーズの品種。淡いレモン色が夏花壇に爽やかに映える。

ホリーホック 'チャターズ レッド'
Alcea rosea 'Chaters Red'

八重咲きのタチアオイ。花形、花色とも安定したチャターズダブルシリーズの品種。鮮やかな赤で、印象深いビビッドカラー。

ホリーホック'チャターズ ホワイト'
Alcea rosea 'Chaters White'

八重咲きのタチアオイ。花形の良いチャターズダブルシリーズの白花。背が高い花茎が株立ちになり、見事に咲き揃う。

ホリーホック'チャターズ ピンク'
Alcea rosea 'Chaters Pink'

八重咲きのタチアオイ。花形、花色とも安定したチャターズダブルシリーズの品種。爽やかなピンクが奇麗で、他の花色と混植も良い。

ホリーホック ニグラ
Alcea rosea var.*nigra*

黒褐色の珍しい花色が目を引くタチアオイ。ボーダーガーデンなど花壇の色彩を引き締める。暑い時期によく咲く強健な種類。

アルセア ルゴサ
Alcea rugosa

ロシアの原種タチアオイ。ロゼア種よりも生育が早く、大型で花期は見事。肥沃な土壌や日陰では倒れやすいので、痩せ地が良い。

エキナセア

夏 / Summer

エキナセアパープレア
ムラサキバレンギク　*Echinacea purpurea*
キク科　北アメリカ
立性　↑60〜120cm　←40〜80cm→

桃　緑　香

日照 日なた　耐寒性　耐暑性
土壌 普　寿命 普　成長速度 普

特徴：傘状の花弁に大きな花芯が印象的な夏の花。暑さ寒さに強く、丈夫で株立ちになる。

栽培：日陰、多湿を嫌い、十分な日照と水はけの良い土を好む。花後はタネになる前に切る。

月	1	2	3	4	5	6	7	8	9	10	11	12
観賞						花	花					
観賞					葉	葉	葉	葉	葉			
作業			植付	植付								
作業			施肥				花後剪定					
作業			株分									

エキナセア'アルバ'
Echinacea purpurea 'Alba'
白い花弁と黄色の花芯とのコントラストが良く、お洒落な雰囲気がある。夏のペレニアルガーデンには欠かせない色合いの花。

エキナセア'フラ ダンサー'
Echinacea pallida 'Hula Dancer'
アメリカ中部の原種パリダの品種。もともと細い花弁が本種はさらに細く、時に反り返る。名前の通りフラダンサーを思わせる。

エキナセア パラドクサ
Echinacea paradoxa
北米産の原種で別名はイエローコーンフラワー。鮮やかな黄花が美しい。花弁は細く垂れるように咲く。葉も姿もやや細身。

エキナセア'ファタル アトラクション'
Echinacea purpurea 'Fatal Attraction'
濃いピンクの花弁は垂れず、はっきりと開く。太くしっかりとした花茎が直立し、多花性で、花期の株姿が美しい人気品種。

エキナセア'グリーン エンビー'
Echinacea purpurea 'Green Envy'
つぼみは緑色で、開くとピンクに変わるが、その過程で緑の覆輪になる。落ち着いた色が奇麗。後に全体が緑を帯び渋い色に。

エキナセア'ココナッツ ライム'
Echinacea purpurea 'Coconut Lime'
淡くライムグリーンを帯びる白の八重咲き品種。花茎が太く草姿がコンパクトなうえ、多花性なので大株になると見事。

エキナセア'ハーベスト ムーン'
Echinacea purpurea 'Harvest Moon'
咲き始めは黄色が濃く、鮮やかで、グリーンの花芯との色合いが奇麗。咲き進むと淡くなり優しい色に変わる。性質が丈夫。

エキナセア'ホット サマー'
Echinacea purpurea 'Hot Summer'
咲き始めは明るいオレンジで咲き進むと真っ赤に変化する。花付き良くたくさん咲き、オレンジと赤の2色が同時に楽しめる。

エキナセア'ホット パパイヤ'
Echinacea purpurea 'Hot Papaya'
オレンジの八重咲き品種。咲き始めは黄色がかったオレンジで、咲き進むと赤く染まる。やや大型で背が高くなるタイプ。

エキナセア'オレンジ パッション'
Echinacea purpurea 'Orange Passion'
オレンジが鮮やかな品種。整った花形で個体差も少ない。草姿がコンパクトにまとまり、花付きが良い。性質も丈夫。

エキナセア'バージン'
Echinacea purpurea 'Virgin'
花弁が垂れ下がらない平咲き。花弁のふちに細かく切れ込みが入り、淡く緑色を帯びる。白い花と緑の花芯が清楚な印象。

エキナセア 'クーペ ソレイユ'
Echinacea purpurea 'Coupe Soleil'

黄色の八重咲き品種。咲き始め黄色が濃く、咲き進むと明るいレモンイエローに変化する。爽やかで、夏のガーデンに似合う。

エキナセア 'グリーン ジュエル'
Echinacea purpurea 'Green Jewel'

蕾から咲き始めは濃い緑色で、咲き進むと徐々に白を帯びる。ナチュラルな雰囲気、爽やかな色の変化が奇麗で、人気のある品種。切り花にして夏のアレンジメントにも最適。他品種に比べて生育がやや遅い、小型の品種。

エキナセア 'エキセントリック'
Echinacea purpurea 'Eccentric'

赤の八重咲き品種。咲き始めはオレンジを帯びるが、満開になると真っ赤に変化する。性質も強健で育てやすく、姿もコンパクト。

エキナセア 'イレシスティブル'
Echinacea purpurea 'Irresistible'

咲き始めアプリコットオレンジで、咲き進むにつれ徐々にピンクが強くなる。その過程の混ざり合った色が美しい。やや小輪。

エキナセア 'ピッコリーノ'
Echinacea purpurea 'Piccolino'

小型種で草丈が40cm以下。花付きが抜群で、丸みのある小さな花が次々に咲いて可愛らしい。株が若い頃からよく咲く。

エキナセア 'ピンク ダブル デライト'
Echinacea purpurea 'Pink Double Delight'

著名なピンクの八重咲き品種。コンパクトな草姿から、ボリュームのある八重咲きの花をたくさん咲かせ、とても見事。

エキナセア 'サマー サルサ'
Echinacea purpurea 'Summer Salsa'

オレンジの八重咲きで、テニスボールほどの大きい花がインパクト抜群。咲き始め花の中央部がグリーンで、色彩が美しい。

エキナセア 'ストロベリー ショートケーキ'
Echinacea purpurea 'Strawberry Shortcake'

外側の花弁がクリーム色、中心部がストロベリーピンク。名前のとおりで可愛らしいスイーツカラー。生育はやや遅い。

エキノプス'ブルー グロー'
Echinops bannaticus 'Blue Glow'
キク科　ヨーロッパ南東部

立性
↑80〜120cm
←40〜60cm→

青　銀

日照 日なた　耐寒性 強　耐暑性 強
土壌 やや乾　寿命 普　成長速度 普

特徴：アザミに似た形状の銀灰色の葉茎で、夏に清涼感のある青いボール状の花を咲かせる。
栽培：耐寒、耐暑性に優れ、肥沃で日当たり、水はけの良い場所へ。痩せ地でも育つ。多湿には注意。

月	1	2	3	4	5	6	7	8	9	10	11	12
観賞							花					
				葉								
作業			植付・施肥・株分				花後剪定					

エキノプス'スター フロスト'
Echinops bannaticus 'Star Frost'

今までの白花種に比べ花茎がシルバーグリーンで夏に咲く花との色合いが爽やか。ホワイトガーデンにもよく合う。花茎の分岐良くたくさん咲く。

ヘレニウム'ルビー チューズデイ'
ダンゴギク　*Helenium* 'Ruby Tuesday'
キク科　北アメリカ

立性
↑60〜120cm
←40〜70cm→

赤　緑

日照 日なた　耐寒性 強　耐暑性 強
土壌 普　寿命 長　成長速度 早

特徴：花色は落ち着いた濃赤。花芯は玉のように丸く可愛い。コンパクトで倒れにくい改良種。
栽培：日当たり、水はけ良く。痩せ地でも育つ。肥沃、多肥だと徒長し倒れやすくなり支柱が必要。

月	1	2	3	4	5	6	7	8	9	10	11	12
観賞							花					
				葉								
作業			植付・施肥				花後剪定	株分・挿木				
				摘心								

ヘレニウム'オータム ロリポップ'
Helenium puberulum 'Autumn Lollipop'

丸い花芯で、羽根のような花弁が控えめに付く。ユーモラスな花形がとても愛らしい。こぼれダネでよくふえる。切り花にしても面白い。

ヘレニウム'ロイスダー ウィック'
Helenium 'Loysder Wieck'

くすんだアンティーク調のおしゃれな花色。丸い花芯に、筒状の花弁がプロペラのように付き面白い。花付き良くたくさん咲く。

ルドベキア

ルドベキア'チェリー ブランデー'
Rudbeckia hirta 'Cherry Brandy'
キク科　北アメリカ　立性

特徴：ヒルタの園芸種。茶色や、えんじ色、オレンジの花がランダムに咲く。色合いがおしゃれ。
栽培：日当たり水はけの良い場所へ。暖地では主に一、二年草扱いだが、暑い時に長期間咲く。

ルドベキア'グリーン ウィザード'
Rudbeckia occidentalis 'Green Wizard'　立性
キク科　北アメリカ
60〜100cm / 30〜50cm

特徴：黒い花芯が目立ち、花弁がほぼ見えず、緑の萼が大きく花びらのよう。個性的で面白い。
栽培：日なたへ植栽。自生地は湿った草原など。そのため、強い乾燥を避けると生育が良い。

ルドベキア'ヘンリー アイラーズ'
Rudbeckia subtomentosa 'Henry Eilers'　立性
キク科　中央アメリカ
80〜150cm / 40〜60cm

特徴：サブトメントーサの変異種。細い筒状の花が可愛い。花付き良く秋にかけて次々と咲く。
栽培：耐寒、耐暑性に優れ、乾燥にも強く丈夫。日なたを好み、日陰や多湿な場所では倒伏する。

ルドベキア マキシマ
Rudbeckia maxima　立性
キク科　北アメリカ
120〜200cm / 80〜120cm

特徴：北米の原種。明るい銀灰色の葉だけでも美しく、2m前後に高く伸びて咲く花姿も圧巻。
栽培：完全な日なたで水はけ良い場所へ。多湿多肥を嫌い、痩せ地だと花が多く姿も良い。

ルドベキア'タカオ'
Rudbeckia triloba 'Takao'　立性
キク科　北アメリカ
60〜80cm / 60〜80cm

特徴：花茎が細かく分岐し、小花が一面に咲く。株も越年し、こぼれダネでよくふえる。
栽培：日当たり、水はけ良い場所で群生。放任で良いが場所を限定するにはタネを早めに剪定。

ヘリオプシス

ヘリオプシス'サマー サン'
ヒメワワリ、キクイモドキ　*Heliopsis helianthoides* 'Summer Sun'
キク科　北アメリカ

特徴：ヒメワワリとも呼ばれ、暑くてもよく咲く。本種は八重咲きで、花もち良く長期間咲く。
栽培：暑さ寒さに強くとても丈夫。放任で良い。国内のほぼどこでも育てられる。日なたを好む。

ヘリオプシス'ローレン サンシャイン'
Heliopsis helianthoides 'Loraine Sunshine'

ヘリアンソイデスの斑入り種。葉に白斑が入り、葉脈が緑で網目模様になる。花だけでなく、葉も楽しめるので観賞期間が長い。

ヘリオプシス'サマー ナイト'
Heliopsis helianthoides var.*scabra* 'Summer Nights'

丈夫なスカブラの銅葉品種。特に気温が低いと銅色になる。花期にはやや緑色の葉になるが、茎も黒味を帯び、黄花を引き立てる。

リグラリア'ブリットマリー クロウフォード'
Ligularia dentata 'Brit-Mrie Crawford'
キク科　日本、中国

特徴：日本にも自生するマルバタケブキの品種。数種の銅葉種の中でも黒味が強く、特に人気。
栽培：肥沃で乾燥しない場所へ。日なただと葉色が濃い。暖地では暑さを避け半日陰へ植える。

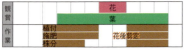

リグラリア プルツェワルスキー
Ligularia przewalskii
キク科　中国

特徴：花茎が高く伸びて黄花が咲く。大株になると何本も立ち、雄大で見事。葉型も面白い。
栽培：冷涼で湿った環境を好む。暖地では風通しの良い半日陰に植えて涼しく夏越しさせる。

コレオプシス バーチキリアタ
イトバハルシャギク　*Coreopsis verticillata*
キク科　北アメリカ

立性　↑30〜60cm　←60〜100cm→

黄 緑

日照 日なた｜耐寒性 ❄｜耐暑性 ☀
土壌 普｜寿命 長｜成長速度 普

特徴：葉が細いため糸葉春車菊の名で流通する。地下茎でふえて群生し黄花を一面に咲かせる。
栽培：寒さ暑さに強いが多湿を嫌う。風通し、水はけの良い少し乾いた日なたに植える。

月	1	2	3	4	5	6	7	8	9	10	11	12
観賞					花	花						
				葉	葉	葉	葉	葉	葉	葉		
作業			植付 施肥 株分、挿木				花後剪定					

シミシフーガ 'ブルネット'
サラシナショウマ　*Cimicifuga simplex* (=*Actaea matsumurae*) 'Brunette'
キンポウゲ科　北東アジア

立性　↑100〜150cm　←50〜100cm→

白 銅 香

日照 半日陰｜耐寒性 ❄｜耐暑性 弱
土壌 普｜寿命 長｜成長速度 普

特徴：紫褐色の葉は柄まで黒く、とても美しい。伸びる白い花穂も対比良く見応えある大型種。
栽培：冷涼な気候に向き、湿り気のある肥沃な土壌を好む。夏に葉が焼けやすいため半日陰へ。

月	1	2	3	4	5	6	7	8	9	10	11	12
観賞								花				
				葉	葉	葉	葉	葉	葉	葉		
作業			植付 施肥 株分						花後剪定			

夏 *Summer*

タリクトラム デラバイ
カラマツソウ　*Thalictrum delavayi*
キンポウゲ科　中国

立性　↑80〜120cm　←30〜50cm→

桃 緑

日照 日なた〜半日陰｜耐寒性 ❄｜耐暑性 弱
土壌 普｜寿命 普｜成長速度 普

特徴：細い花茎に可憐な小花を無数に咲かせ、大株の花期は特に見事。柔らかな葉姿も魅力。
栽培：日なたの湿った草原などに自生。冷涼な気候を好むため、暖地では半日陰で風通し良く。

月	1	2	3	4	5	6	7	8	9	10	11	12
観賞					花	花						
				葉	葉	葉	葉	葉	葉	葉		
作業			植付 施肥 株分				花後剪定					

タリクトラム デラバイ 'アルバ'
Thalictrum delavayi 'Alba'

デラバイの白花。一輪一輪が端正で美しい小花が、舞うようにたくさん咲く。大株の花は遠くから見ると、まるで霞がかったよう。

リリオペ 'バリエガータ'
斑入りヤブラン　*Liriope platyphylla* 'Variegata'
キジカクシ科（ユリ科）　東アジア

広がる　↑25〜40cm　←30〜60cm→

紫 緑

日照 日なた〜半日陰｜耐寒性 ❄｜耐暑性 強
土壌 普｜寿命 長｜成長速度 普

特徴：光沢のある葉で外側に黄緑色の斑が入る。花は青紫色でたくさん咲きコントラストが良い。
栽培：暑さ寒さ、乾燥にも強く土質も選ばない。日なたで花付き良く、半日陰では葉が伸びやか。

月	1	2	3	4	5	6	7	8	9	10	11	12
観賞								花	花			
	葉	葉	葉	葉	葉	葉	葉	葉	葉	葉	葉	葉
作業			植付 施肥 株分						花後剪定			

リシマキア エフェメルム
Lysimachia ephemerum
サクラソウ科　スペイン など

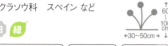

特徴：花茎がすらりと伸びて、白花を咲かせる。灰色を帯びた葉色も特徴で花色との調和が奇麗。
栽培：石灰質の地域に自生するため酸性を嫌う。水分を好むが高温多湿は避け、風通し良く。

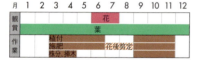

リシマキア'ファイヤー クラッカー'
Lysimachia ciliata 'Firecracker'
サクラソウ科　北アメリカ

特徴：赤紫の葉、茎が美しく、黄色の小花との対比が際立つ。地下茎で広範囲にふえて群生する。
栽培：極めて丈夫で暑さ寒さ、多湿、乾燥にも強く、土や環境も選ばない。広い場所に向く。

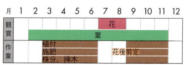

オカトラノオ
Lysimachia clethroides
サクラソウ科　日本、中国 など

特徴：日本の山野にも自生し、うなだれる花が良い風情。群生する様子は自然味があり美しい。
栽培：寒さ暑さに強い。湿った場所を好み、地下茎で広がる。日なただと花付き良く徒長しない。

フィソステギア'バリエガータ' カクトラノオ
Physostegia virginiana 'variegata'
シソ科　北アメリカ東部

特徴：地下茎で広がり一面に咲く。夏によく見かけるポピュラーな花。斑入り種は葉も楽しめる。
栽培：寒さ暑さに強く、とても丈夫。どこでも放任でよくふえる。日なただと徒長せず姿が良い。

フィソステギア'クリスタルピーク ホワイト'
Physostegia virginiana 'Crystal Peak White'

和名はハナトラノオ。切り花としても親しまれる。本種は白花で、草丈の低い改良種。丈夫で広がるが、小型なので場所をとらない。

サルビア

サルビア ガラニチカ
Salvia guaranitica
シソ科　メキシコ

青 緑 香

日照 日なた　耐寒性　耐暑性 強
土壌 普　寿命 長　成長速度 早

特徴：黒い萼と濃い青紫色の花が美しく調和する。日本ではメドーセージの名で流通する。
栽培：丈夫で放任可。花後に短く切り姿を整える。暑さ、寒さに強いが極寒冷地では防寒が必要。

月	1	2	3	4	5	6	7	8	9	10	11	12
観賞							花	花	花	花	花	
観賞				葉	葉	葉	葉	葉	葉	葉	葉	
作業			植付・施肥							花後剪定		
作業			株分・挿木									

ロシアンセージ 🏅
サマーラベンダー　*Perovskia atriplicifolia*
シソ科　中央アジア

青 銀 香

日照 日なた　耐寒性　耐暑性 強
土壌 やや乾　寿命 長　成長速度 普

特徴：銀灰色の茎がすっと伸びて直立する。すっきりとした草姿で青花との色合いが爽やか。
栽培：多湿を嫌い、水はけ良く植えると夏越しも容易。花後と冬は短くカットすると姿良く保てる。

月	1	2	3	4	5	6	7	8	9	10	11	12
観賞							花	花	花			
観賞				葉	葉	葉	葉	葉	葉	葉		
作業			植付・施肥						花後剪定			
作業			摘心						株分・挿木			

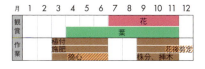

サルビア'インディゴ スパイヤー'
ラベンダーセージ　*Salvia* 'Indigo Spires'
シソ科　園芸種

青 緑 香

日照 日なた　耐寒性　耐暑性 強
土壌 普　寿命 長　成長速度 早

特徴：花穂が長く伸びながら咲き進み、夏から冬近くまで長期間咲く。暑さに強く夏秋に活躍する。
栽培：ある程度咲いたら株元まで切り戻すと姿が整い、繰り返し咲く。極寒冷地では防寒する。

月	1	2	3	4	5	6	7	8	9	10	11	12
観賞						花	花	花	花	花	花	
観賞				葉	葉	葉	葉	葉	葉	葉	葉	
作業			植付・施肥							花後剪定		
作業			摘心						株分・挿木			

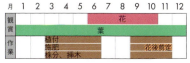

サルビア シナロエンシス
シナロアセージ　*Salvia sinaloensis*
シソ科　メキシコ

青 銅

日照 日なた　耐寒性　耐暑性 強
土壌 普　寿命 長　成長速度 普

特徴：小型で姿良く茂り、濃い青花と銅葉の対比が美しい。花期が長いうえ葉色も楽しめる。
栽培：多湿を嫌い、日当たり、水はけ良く。耐寒性はあるが冬は凍らせないほうが良い。

月	1	2	3	4	5	6	7	8	9	10	11	12
観賞						花	花	花	花	花		
観賞				葉	葉	葉	葉	葉	葉	葉	葉	
作業			植付・施肥							花後剪定		
作業									株分・挿木			

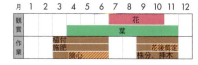

サルビア ウルギノーサ
ボッグセージ　*Salvia uliginosa*
シソ科　メキシコ

青 緑 香

日照 日なた　耐寒性　耐暑性 強
土壌 普　寿命 長　成長速度 普

特徴：夏から秋の暑い季節に花茎を高く伸ばし、空色の花がゆらゆらと揺れる姿に清涼感がある。
栽培：ボッグ（沼地）の名前のとおり、やや湿り気のある日なたを好む。咲き終わりに強く剪定する。

月	1	2	3	4	5	6	7	8	9	10	11	12
観賞							花	花	花	花		
観賞				葉	葉	葉	葉	葉	葉	葉	葉	
作業			植付・施肥							花後剪定		
作業			摘心						株分・挿木			

夏 *summer*

カラミンサ
カラミント　*Calamintha nepetoides*
シソ科　ヨーロッパ

こんもり　30～50cm　←30～60cm→

白　緑　香

| 日照 日なた | 耐寒性 | 耐暑性 |
| 土壌 | 寿命 | 成長速度 |

特徴：花期が非常に長く、真夏でもあふれるほど咲く白小花が爽やか。低温で紫を帯びる。
栽培：初夏から秋まで花が咲き止まないので、開花中でも伸び過ぎたら切り戻すと、姿が整う。

月	1	2	3	4	5	6	7	8	9	10	11	12
観賞						花	花	花	花	花	花	
					葉	葉	葉	葉	葉	葉	葉	
作業			植付	植付	植付			花後剪定	花後剪定	花後剪定		
			施肥	施肥	施肥							
			株分・挿木	株分・挿木	株分・挿木							

晩秋は紫がかる

オレガノ 'ケント ビューティ'
Origanum 'Kent Beauty'
シソ科　ヨーロッパ

広がる 1　15～25cm　←20～40cm→

桃　緑　香

| 日照 日なた | 耐寒性 | 耐暑性 普 |
| 土壌 やや乾 | 寿命 普 | 成長速度 普 |

特徴：淡い緑の萼が徐々にピンクへ変化する、優しい印象のある花。萼の間から小花が咲く。
栽培：水はけ良い日なたへ。花後に地際から切り戻すと返り咲く。極寒冷地では冬に防寒を。

月	1	2	3	4	5	6	7	8	9	10	11	12
観賞						花	花		花	花		
					葉	葉	葉	葉	葉	葉		
作業			植付	植付			花後剪定			花後剪定		
			施肥	施肥								
			株分・挿木	株分・挿木								

オレガノ ロツンデフォリウム
Origanum rotundifolium

'ケント ビューティ' の交配親。子に比べて萼がやや大きく、ほとんどピンクにならない。姿はコンパクトで伸びにくい性質がある。

トリトマ
トーチリリー　*Kniphofia uvaria*
ツルボラン科　南アフリカ

立性　60～120cm　←50～100cm→

橙　緑

| 日照 日なた | 耐寒性 | 耐暑性 強 |
| 土壌 | 寿命 長 | 成長速度 遅 |

特徴：オオトリトマとも呼ばれる。株が大きく張り、太い花茎が何本も立ち上がり迫力がある。
栽培：日陰では花付きが悪く、完全な日なたへ。多湿を嫌い、水はけ良く。暑さ寒さに強い。

月	1	2	3	4	5	6	7	8	9	10	11	12
観賞							花	花	花	花		
	葉	葉	葉	葉	葉	葉	葉	葉	葉	葉	葉	葉
作業			植付	植付	植付			花後剪定	花後剪定	花後剪定		
			施肥	施肥								
			株分	株分								

モナルダ

モナルダ ディディマ
タイマツバナ、ベルガモット　*Monarda didyma*
シソ科　北アメリカなど
赤／緑／香
立性　60〜100cm　←60〜100cm→
日照 日なた　耐寒性　耐暑性 強
土壌 普　寿命 普　成長速度 早

特徴：鮮烈な緋色の花で、背が高く目立つ。色の少ない真夏の花壇に彩りを加えられる。
栽培：痩せ地でも育つが、肥沃、潤湿で生育が良い。ウドンコ病に注意し風通し良く。丈夫で放任可。

月	1	2	3	4	5	6	7	8	9	10	11	12
観賞						花	花					
					葉	葉	葉	葉	葉			
作業		植付	植付						植付	植付		
			施肥					施肥				
		株分、挿木				花後剪定	花後剪定					

モナルダ'パープル ルースター'
Monarda didyma 'Purple Rooster'

鮮やかな赤紫色の品種。モナルダは夏に咲く代表的な宿根草でタイマツバナとも呼ばれ、古くから親しまれている。

モナルダ'エルシス ラベンダー'
Monarda didyma 'Elsie's Lavender'

明るいラベンダーピンク。咲き進むと青みがかったように見える。やや細身の草姿で花付きが良い。地下茎で広がる。

モナルダ'アルバ'
Monarda didyma 'Alba'

モナルダの白花品種。地下茎やこぼれダネで広がり、夏に一斉に白い花を咲かせて涼やか。特に白花は生育が早く、よく広がる。

ペルシカリア

ペルシカリア'ファットドミノ'
Persicaria amplexicaulis 'Fat Domino' 立性
タデ科　ヒマラヤ

赤　緑

特徴：花の大きなタデの一種。夏から咲き始め、晩秋まで次々と花を咲かせ、良い風情を出す。
栽培：痩せ地でも咲くが、肥沃な土壌では花が大きくなり、葉も奇麗に保てる。丈夫で放任可。

月	1	2	3	4	5	6	7	8	9	10	11	12
観賞							花	花	花	花	花	
				葉	葉	葉	葉	葉	葉	葉		
作業			植付	植付						花後剪定		
			施肥	施肥								
			株分	株分								

ペルシカリア'ゴールデン アロー'
Persicaria amplexicaulis 'Golden Arrow'

黄金葉と赤花のコントラストが印象的。草姿もコンパクトで倒伏しにくい。日陰では葉の黄色が薄くなるが、強光での葉焼けにも注意。

アガパンサス
ムラサキクンシラン、アフリカンリリー　*Agapanthus*
ムラサキクンシラン科　南アフリカ　立性

青　緑

特徴：夏に咲く爽やかな青花はよく目立ち、花数が多く見栄えがする。丈夫で育てやすい。
栽培：乾燥に強く多湿に弱いため、日当たり、水はけ良く。放任で良いが、寒冷地では防寒を。

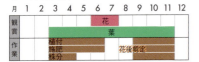

アガパンサス'シルバー ムーン'
Agapanthus 'Silver Moon'

広めの葉に白い斑が入り花が映える。花が咲きにくい斑入り種が多い中、本種は比較的よく咲く。花期以外も葉が楽しめる。

アガパンサス'フローレ プレノ'
Agapanthus praecox 'Flore Pleno'

淡いブルーの花弁が重なる八重咲き品種。花は完全に開かず、袋咲き、抱え咲きとも呼ばれる。若いうちから開花する小型種。

フロックス

フロックス パニュキュラータ
Phlox paniculata
ハナシノブ科　北アメリカ

立性　60〜100cm　40〜60cm

紫　緑

日照：日なた　耐寒性：強　耐暑性：強
土壌：普　寿命：長　成長速度：普

特徴：暑い中でもよく咲く、夏の代表的な宿根草。性質が強く土質も選ばず、放任で毎年開花。
栽培：日当たり水はけの良い場所へ。乾燥に強いが多湿な環境ではウドンコ病になりやすい。

月	1	2	3	4	5	6	7	8	9	10	11	12
観賞						花	花					
					葉	葉	葉	葉	葉			
作業			植付・施肥・株分				花後剪定					

フロックス'ブルー パラダイス'
Phlox paniculata 'Blue Paradise'

咲き始め赤紫で、咲き進むと徐々に青く変化する。生育が早い高性種。大輪花が一面に咲き揃い見応えがある。香りも良い。

フロックス'ジェイド'
Phlox paniculata 'Jade'

可愛い丸弁の白花で、花の外側にグリーンの縁取りが入る、おしゃれな花模様のフロックス。夏に見ると、爽やかな印象で良い。

フロックス'ピンキー ヒル'
Phlox paniculata 'Pinky Hill'

パニキュラータ系では最大級の大輪で、一輪の大きさが4cm近くある花が咲きそろう。花色は可愛らしいピンクで花形も端正。

フロックス'スター ファイヤー'
Phlox paniculata 'Starfire'

鮮やかな赤花で、ビビッドな夏花壇に似合う。葉、茎は黒味を帯びて、花色を引き立てる。花茎が太く姿が良い。性質も丈夫。

フロックス'レッド フィーリングス'
Phlox paniculata 'Red Feelings'

細い筒状の花弁が密集して手毬状になる。見た目の面白さが印象に残る。花もちが非常に良く、長期間楽しめて切り花にも良い。

フロックス'ツイスター'
Phlox 'Twister'

白い端正な丸弁の花に、筆で描いたようなピンクの線が入る。芸術的な模様に目を奪われる美花。やや小型で庭植えでも姿が良い。

フロックス'クレオパトラ'
Phlox paniculata 'Cleopatra'

花の中央部が隆起しているため、まるで二重咲きのように見える珍しい花形。色は強いが花や草姿が細身で可憐な雰囲気がある。

メドースイート

セイヨウナツユキソウ　*Filipendula ulmaria*
バラ科　ヨーロッパ、西アジア

立性
60〜120cm
←50〜80cm→

乳白　緑　香

| 日照 | 日なた〜半日陰 | 耐寒性 | 強 | 耐暑性 | 強 |
| 土壌 | 普 | 寿命 | 長 | 成長速度 | 普 |

特徴：1mを超える草丈で、白い柔らかな花を咲かせる姿から、「草地の女王」と呼ばれる。
栽培：湿った草地や川沿いに自生。湿潤な土壌を好み、乾燥は苦手。日なたからやや半日陰へ。

月	1	2	3	4	5	6	7	8	9	10	11	12
観賞					花	花						
				葉	葉	葉	葉	葉	葉			
作業			植付 施肥 株分				花後剪定					

メドースイート'バリエガータ'

メドースイート'オーレア'
Filipendula ulmaria 'Aurea'

明るい黄金葉が特徴で、芽吹きの葉色は眩しいほど。葉色は長期間美しく、夏には白い柔らかな花との組み合わせが楽しめる。

メドースイート'フローレプレノ'
Filipendula ulmaria 'Flore Pleno'

メドースイートの八重咲き種。花が密生して玉状に咲く。普通種よりも草丈が低く、株が広がり、花が一面に咲きそろう。姿が良い。

フィリペンデュラ'レッド アンブレラ'
Filipendula 'Red Umbrellas'

シモツケソウの品種。深いトーンの葉色が魅力的で、植栽に使うとおしゃれな雰囲気が出せる。ピンクの柔らかな穂状花も美しい。

サクシセラ'フロステッド パールズ'
Succisella inflexa 'Frosted Pearls'
マツムシソウ科　ヨーロッパ

立性
60〜80cm
←50〜80cm→

紫　緑

| 日照 | 日なた | 耐寒性 | 強 | 耐暑性 | 強 |
| 土壌 | 普 | 寿命 | 普 | 成長速度 | 普 |

特徴：マツムシソウの近縁種で姿は似るが装飾花はなく、ポンポンした花が可愛らしい。
栽培：半日陰でも咲くが、日なたのほうが、花付きが良い。水はけの良い肥沃な土壌を好む。

月	1	2	3	4	5	6	7	8	9	10	11	12
観賞							花	花				
			葉	葉	葉	葉	葉	葉	葉	葉		
作業			植付 施肥 株分						花後剪定			

ミソハギ（禊萩）
Lythrum anceps
ミソハギ科　日本、朝鮮半島

立性
80〜200cm
←50〜80cm→

桃　緑

| 日照 | 日なた〜半日陰 | 耐寒性 | 強 | 耐暑性 | 強 |
| 土壌 | 湿 | 寿命 | 長 | 成長速度 | 早 |

特徴：夏から秋にかけて背の高いピンクの花を咲かせる。花が風に揺れて良い風情を出す。
栽培：暑さ寒さに強く性質は極めて丈夫。もともと湿性植物だが、ほぼどこででも育つ。

月	1	2	3	4	5	6	7	8	9	10	11	12
観賞							花	花	花			
			葉	葉	葉	葉	葉	葉	葉	葉		
作業			植付 施肥 株分						花後剪定			

セダム

セダム 'オータム ジョイ'
ムラサキベンケイソウ　*Sedum telephium* 'Autumn Joy'
ベンケイソウ科　ヨーロッパ

こんもり 25〜40cm / 40〜60cm

 桃　 緑

日照 日なた　耐寒性 ◯　耐暑性 強
土壌 乾　寿命 長　成長速度 普

特徴：暑さ寒さに強い大型の多肉植物。セダムは欧米で人気が高く、多くの種類がある。本種はコンパクトで花付き良く、栽培しやすいため、庭植えに向く。葉色が魅力的で、花は整った星型で半球状の房になる。枯れた花は冬まで残るのでウインターガーデンの花材になる。ユニークなフォルムが庭のアクセントとなり、楚々とした草花と合わせると、面白い植栽になる。

栽培：多少の湿度や日陰に耐え、石垣、斜面、砂礫地、痩せ地などに有効。ただし、肥沃で水分が多い場所では伸びすぎて倒伏する場合がある。強い乾燥に耐え、他の草花が育たない場所にも使える。病気は少ないが、害虫のベンケイソウスガが葉を食害するので予防消毒が必要。冬は落葉し株元に冬芽を作り越冬する。

月	1	2	3	4	5	6	7	8	9	10	11	12
観賞							花	花	花			
				葉	葉	葉	葉	葉	葉	葉		
作業			植付・施肥・株分・挿木							花後剪定		

セダム 'フロスティ モーン'
Sedum erythrostictum 'Frosty Morn'

ライトグリーンの葉は外側に白い斑が入る。花は白で中央に淡いピンクが入る。葉と花の色合いが相まって明るく美しい。

セダム 'シトラス ツイスト'
Sedum telephium 'Citrus Twist'

クリーム色の花が奇麗。葉は銀灰色だが、日なたでは赤みを帯びる。丈夫で育てやすい。

セダム 'ストロベリー＆クリーム'
Sedum telephium 'Strawberry and Cream'

ストロベリーピンクとクリーム色のポンポン咲きの大輪花で花付き良い。葉はダークグレー。

セダム 'ゼノックス'
Sedum telephium 'Xenox'

葉は深い灰色。花は咲き進むにつれピンクから落ち着いた色に変化し、渋みを増す。シックでモダンな色合いがとてもおしゃれ。

夏 *Summer*

秋 *Autumn*

種類は減りますが、
秋に咲く宿根草は
日本の風情に
よく似合います。

オミナエシ

オミナエシ（女郎花）
Patrinia scabiosifolia
オミナエシ科　北東アジア

特徴：秋の七草の1つで古来から親しまれる。趣ある黄色の細やかな花は、切り花にも利用される。
栽培：日当たり良い草地に生え、ある程度の水分を好み強い乾燥は避ける。肥沃な土壌が良い。

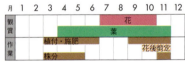

フジバカマ（藤袴）
Eupatorium japonicum
キク科　東アジア

特徴：秋の七草の1つ。国内では絶滅が危惧される。流通する多くは雑種のサワフジバカマ。
栽培：半日陰でも育つが、日なたで花付き良く草丈が低い。地下茎でよく広がり、群生する。

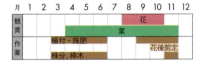

一重咲き種　　　　　八重咲き種

宿根アスター
シオン、クジャクアスター、ユウゼンギク　*Aster*
キク科　北アメリカ

特徴：色の少ない秋の庭に彩をもたらす花。膨大な種類があるが、丈夫なものが多い。
栽培：クジャクアスターなど多くの種類があるが、どれも日なたの庭植えにし、放任で良い。

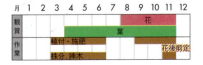

ユーパトリウム セレスチナム
アオイロフジバカマ、ミストフラワー
Eupatorium coelestinum(=*Conoclinium coelestinum*)
キク科　北アメリカ

こんもり　25〜50cm　←40〜100cm→

青　緑

日照 日なた〜半日陰　耐寒性　耐暑性
土壌 普　寿命 長　成長速度 普

特徴：地下茎で繁殖し、花期には一面に青い花が咲く。花が似るアゲラタムとは別種。
栽培：日なたを好むがやや半日陰でも育つ。土質を問わず、幅広く植栽できる。丈夫で放任可。

月	1	2	3	4	5	6	7	8	9	10	11	12
観賞								花	花	花		
				葉	葉	葉	葉	葉	葉	葉		
作業			植付・施肥	植付・施肥							花後剪定	
			株分・挿木	株分・挿木								

ユーパトリウム 'チョコレート'
Eupatorium rugosum
(=*Ageratina altissima*) 'Chocolate'
キク科　北アメリカ

立性　60〜100cm　←30〜60cm→

白　銅

日照 日なた〜半日陰　耐寒性　耐暑性 強
土壌 普　寿命 普　成長速度 普

特徴：フジバカマの仲間。褐色の葉が楽しめ、秋からは白花との対比がおしゃれ。
栽培：やや湿った肥沃な土壌を好むが、軽い乾燥には耐える。日なたが良いが半日陰でも育つ。

月	1	2	3	4	5	6	7	8	9	10	11	12
観賞								花	花	花	花	
				葉	葉	葉	葉	葉	葉	葉		
作業			植付	植付							花後剪定	
			施肥	施肥								
			株分・挿木	株分・挿木								

トウテイラン（洞庭藍）
Veronica ornata
オオバコ科　日本

立性　30〜50cm　←30〜50cm→

青　白

日照 日なた　耐寒性　耐暑性
土壌 普　寿命 普　成長速度 普

特徴：秋咲きのベロニカで近畿から山陰地方に自生。青色の花と銀灰色の葉がとても美しい。
栽培：日当たり、水はけ良い肥沃な場所へ。ある程度乾燥に耐え、多湿では伸びて倒伏しやすい。

月	1	2	3	4	5	6	7	8	9	10	11	12
観賞								花	花			
			葉	葉	葉	葉	葉	葉	葉	葉		
作業			植付・施肥	植付・施肥		摘心				花後剪定		
			株分・挿木	株分・挿木								

シュウメイギク（秋明菊）
キブネギク　*Anemone hupehensis*
キンポウゲ科　中国、台湾

立性　50〜120cm　←40〜70cm→

白　緑

日照 日なた〜半日陰　耐寒性　耐暑性
土壌 普　寿命 普　成長速度 普

特徴：背が高く咲き、風にゆっくりとなびく姿は秋の情緒を感じる。古来より親しまれる花。
栽培：寒さ暑さに耐え丈夫だが、冷涼な気候を好み、高温多湿は嫌う。水はけ良くする。

月	1	2	3	4	5	6	7	8	9	10	11	12
観賞								花	花	花		
			葉	葉	葉	葉	葉	葉	葉	葉		
作業			植付・施肥	植付・施肥						花後剪定		
			株分	株分								

シュウメイギク 'ハドスペン アバンダンス'
Anemone hupehensis 'Hadspen Abundance'

国内ではハドスペンの名で流通する。一輪の中で花弁の色や形が違いユニーク。コンパクトで花上がりが良く、株姿が良い。

シミシフーガ 'ホワイト パール'
Cimicifuga simplex
(=*Actaea matsumurae*) 'White Pearl'
キンポウゲ科　北東アジア

特徴：サラシナショウマの改良種。柔らかな花弁が密集し、長い穂状に咲く。見とれるほど美しい花を持つ。
栽培：肥沃で潤湿な土壌を好む。日なたでも育つが、葉焼けするので半日陰で伸びやかに栽培。

シミシフーガ 'クイーン オブ シバ'

Cimicifuga 'Queen of Sheba'

サラシナショウマの交配種。葉は黒味を帯び、太い花茎が高く伸びて、白い柔らかな花穂を下垂させる。デザイン性が高い株姿を持つ。

原種シクラメン ヘデリフォリウム
Cyclamen hederifolium
サクラソウ科　ヨーロッパ

特徴：秋咲きの原種。花の後に葉が出るタイプ。耐寒耐暑性があり、原種の中では育てやすい。
栽培：水はけの良い落葉樹の下などに自生するため、やや半日陰で風通し良い場所へ植栽。

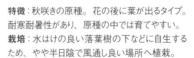

原種シクラメン ヘデリフォリウム 'アルブム'
Cyclamen hederifolium 'Album'

ヘデリフォリウムの白花で可憐な雰囲気が良い。冷涼な気候を好み、耐寒性が強く、寒冷地の露地越冬が可能な数少ない原種。

サルビア

サルビア アズレア
アズールブルーセージ　*Salvia azurea*
シソ科　アメリカ南東部

立性　60〜100cm　←30〜50cm→

青　緑

日照 日なた　耐寒性　耐暑性 強
土壌　寿命 普　成長速度 早

特徴：空色の小花が秋に咲き、低温に当たると蛍光色のような、鮮やかな色になり美しい。
栽培：日当たり水はけ良く。痩せ地でも育つ。伸びるので春〜夏に切り、花期の姿を整える。

月	1	2	3	4	5	6	7	8	9	10	11	12
観賞					葉				花			
作業			植付・施肥							花後剪定		
			摘心									
			株分・挿木									

コバルトセージ
Salvia reptans 'West Tax Form'
シソ科　北アメリカ

立性　50〜80cm　←20〜40cm→

青　緑

日照 日なた　耐寒性　耐暑性 強
土壌　寿命 普　成長速度 早

特徴：レプタンスの立性品種。濃いコバルトブルーの小花が目を引く。枝が細く柔らかい草姿。
栽培：日当たり良く、やや肥沃な土壌を好む。伸びるので春〜夏に切り、花期の姿を整える。

月	1	2	3	4	5	6	7	8	9	10	11	12
観賞						葉				花		
作業			植付・施肥							花後剪定		
			摘心									
			株分・挿木									

サルビア エレガンス
パイナップルセージ　*Salvia elegans*
シソ科　メキシコ、グアテマラ

立性　100〜150cm　←50〜80cm→

赤　緑　香

日照 日なた　耐寒性 普　耐暑性 強
土壌　寿命 普　成長速度 早

特徴：背が高くなり、秋から初冬に鮮烈な赤花を一面に咲かせて見事。葉に甘い香りがある。
栽培：日なたで水はけ良い石灰質の土壌を好む。害虫も少なくほぼ放任可だが、寒さにやや弱い。

月	1	2	3	4	5	6	7	8	9	10	11	12
観賞					葉					花		
作業			植付・施肥							花後剪定		
			摘心									
			株分・挿木									

サルビア エレガンス 'ゴールデン デリシャス'
Salvia elegans 'Golden Delicious'

エレガンスの品種。黄金葉と赤花のコントラストが美しい。秋の低温で葉色も花色もより鮮やかになり、秋のガーデンを彩る。

サルビア インボルクラタ
ローズリーフセージ　*Salvia involucrata*
シソ科　メキシコ

立性　80〜150cm　←40〜80cm→

桃　緑　香

日照 日なた　耐寒性　耐暑性 強
土壌　寿命　成長速度 早

特徴：球状の蕾から、こぼれるようにピンクの花を咲かせる。生育早く、大型で見栄えがする。
栽培：日当たり、水はけ良く。肥沃だと生育が早い。強く凍らせると弱るので寒冷地では防寒を。

月	1	2	3	4	5	6	7	8	9	10	11	12
観賞					葉					花		
作業			植付・施肥							花後剪定		
			摘心									
			株分・挿木									

サルビア マドレンシス
Salvia madrensis 'Yellow Majesty'
シソ科　メキシコ

特徴：2m 程になる大型種。高い位置に明るい黄色の花をたくさん咲かせ、とても見事。
栽培：日当たり良く肥沃な場所で生育が良い。寒さに弱く、寒冷地では冬までの一年草扱い。

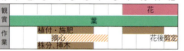

サルビア レウカンサ
メキシカンセージ　*Salvia leucantha*
シソ科　メキシコ

特徴：別名アメジストセージ。花穂が長く伸び、柔らかいベルベット状の萼に花を咲かせる。
栽培：十分な日光とやや水分が必要。初夏までに切り、高さを抑えると、花が増え倒伏を防げる。

ホトトギス(杜鵑草)
トード リリー　*Tricyrtis*
ユリ科　日本、台湾

特徴：太平洋側に多く自生。趣ある良花で日本や欧米で人気が高く、様々な品種や雑種がある。
栽培：山地の湿った半日陰や岩場に自生する。水分を好むが滞水で根が弱るので、水はけ良く。

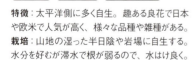

秋 *Autumn*

ヘメロカリス、キャットミント、クガイソウが咲く宿根草とバラのガーデン（軽井沢ルゼ・ヴィラ）。

クレマチス

Clematis

「つる植物の女王」
といわれるクレマチス。
性質、花期、花形、
花色が多彩です。

クレマチス マクロペタラ 'ウェッセルトン'
Clematis macropetala 'Wesselton'
キンポウゲ科　中国

 青　 緑　つる性　200〜300cm　←40〜60cm→

日照 日なた〜半日陰　耐寒性❄　耐暑性☀
土壌 普　寿命 ♥　成長速度 普

特徴：マクロペタラの大輪品種。咲き始めの濃い青から、徐々にパステルブルーに変化する。
栽培：旧枝咲き、弱剪定。冬は徒長枝や細枝を整理する程度。数年おきに低く切り姿を整える。

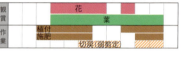

月	1	2	3	4	5	6	7	8	9	10	11	12
観賞				花					花			
					葉							
作業			植付 施肥									
						切戻(弱剪定)						

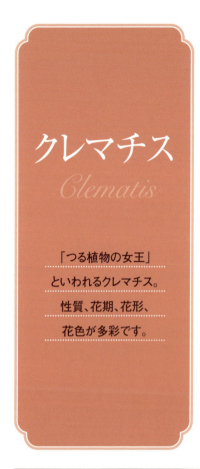

クレマチス チサネンシス 'レモンベル'
Clematis chiisanensis 'Lemon Bells'
キンポウゲ科　朝鮮半島

黄　緑　つる性　200〜300cm　←40〜60cm→

日照 日なた〜半日陰　耐寒性❄　耐暑性☀
土壌 普　寿命 ♥　成長速度 普

特徴：同系では珍しい黄色の花が目を引く。花径約10cmの大輪で、厚い花弁で花もちが良い。
栽培：旧枝咲き、弱剪定。冬は徒長枝や細枝を整理する程度。数年おきに低く切り姿を整える。

月	1	2	3	4	5	6	7	8	9	10	11	12
観賞				花								
				葉								
作業			植付 施肥									
						切戻(弱剪定)						

ハンショウヅル（半鐘蔓）
Clematis japonica
キンポウゲ科　日本

赤　緑

日照 日なた〜半日陰　耐寒性　耐暑性
土壌 普　寿命 普　成長速度 早

特徴：趣ある花が特徴の日本の原種で、本州から九州にかけて自生する。赤褐色で3cmほどの半鐘型の渋い美しさの花で、山野草を主体とした和風の庭、自然風の庭によく似合う。茶席に飾られる花としても使用される。

栽培：前年に伸びた枝に花を咲かせる旧枝咲き。冬は弱剪定とし、徒長した枝や花芽のない細枝を切る程度。耐寒性、耐暑性が強く、旺盛によく伸びるため、放任すると藪になり花が目立たなくなってくるので、花後、夏はなるべく枝を整理し、誘引をこまめに行って株姿を整えておく。秋以降は翌年に備えて強い剪定は行わず、誘引のみとする。株が古くなり、姿が乱れてしまった場合は、夏冬問わず、思い切って強く剪定し、再生させると良い。

月	1	2	3	4	5	6	7	8	9	10	11	12
観賞				花	花							
				葉	葉	葉	葉	葉	葉	葉	葉	
作業	植付施肥											
					切戻（弱剪定）							

クレマチス

クレマチス 白万重（シロマンエ）
Clematis florida 'Alba Plena'
キンポウゲ科　中国

白　緑

日照 日なた〜半日陰　耐寒性　耐暑性
土壌 普　寿命 普　成長速度 普

特徴：つぼみは緑で、開花につれクリーム色に変わる変化が何とも上品。著名な人気品種。
栽培：強剪定できるが、つるが細く邪魔にならないので弱剪定で良い。極寒地では防寒必要。

月	1	2	3	4	5	6	7	8	9	10	11	12
観賞					花	花	花					
				葉	葉	葉	葉	葉	葉	葉		
作業	植付施肥						花後剪定					
							切戻					

クレマチス フロリダ'ビエネッタ'
Clematis florida 'Viennetta'

テッセンの改良種。弁化した雄しべが膨らんで半球状のポンポン咲きになる。1輪の花もちが良いうえ長期間咲き、長く楽しめる。

クレマチス モンタナ ルーベンス

Clematis montana var. *rubens*
キンポウゲ科　中国

 桃　 緑　香

| 日照 | 日なた～半日陰 | 耐寒性 | | 耐暑性 | |

土壌　普　寿命　　成長速度　早

特徴：モンタナ系は生育が早く、一面にびっしりと咲きそろい、良い香りがある。ヨーロッパでは壁面を覆うクレマチスの定番。ルーベンスはモンタナ系の代表的な種類で、花形が整いピンクの花色が明るい印象をもたらす。広範囲を埋め尽くすように咲き誇る姿は迫力がある。一季咲きだが、素晴らしい花付きを見せる。

栽培：モンタナ系は伸びたつるに翌年咲く旧枝咲き。冬に強く切ると花が咲かなくなるので、弱剪定とする。ただし、つるの伸びが早いため、伸び過ぎた枝や、芽のない細い枝は冬に剪定し、姿を整える。また、枝を密に茂らせたほうが花が多くなるため、咲き終わった直後に、全体の半分以下に切り戻し、低い位置の枝数をふやすとよい。日本の気候では寿命が5年程度なので、一部のつるを土に伏せて節を埋めておき、新しい株を準備すると良い。

月	1	2	3	4	5	6	7	8	9	10	11	12
観賞				花								
					葉							
作業			植付・施肥									
					切戻（弱剪定）							

たわわに咲く、クレマチス モンタナ ルーベンス。

クレマチス モンタナ 'スターライト'
Clematis montana 'Starlight'

モンタナ系の八重咲きは数種あるが、本種の端正な花は群を抜いて美しい。やや生育が遅く、コンパクトな姿でたくさんの花が咲く。

クレマチス'ベル オブ ウォーキング'
Clematis 'Belle of Woking'
キンポウゲ科　園芸種

つる性　200〜300cm　←40〜60cm→

紫　緑

日照 日なた〜半日陰　耐寒性 強　耐暑性 強
土壌 普　寿命 普　成長速度 早

特徴：端正な花型が美しく、見応えある大輪花が一面に咲きそろう様子が見事。四季咲き。
栽培：旧枝咲き、弱剪定。冬は細枝を整理する程度。花後に伸びる枝を切り、枝数をふやす。

月	1	2	3	4	5	6	7	8	9	10	11	12
観賞					花				花			
					葉							
作業			植付・施肥									
							切戻（弱剪定）					

クレマチス'ジョセフィーヌ'
Clematis 'Josephine'
キンポウゲ科　園芸種

つる性　200〜300cm　←40〜60cm→

桃　緑

日照 日なた〜半日陰　耐寒性 強　耐暑性 強
土壌 普　寿命 普　成長速度 早

特徴：淡いピンクで、中央が盛り上がるセミダブル咲き。気品漂う美しい大輪花。四季咲き。
栽培：旧枝咲き、弱剪定。冬は細枝を整理する程度。花後に伸びる枝を切り、枝数をふやす。

月	1	2	3	4	5	6	7	8	9	10	11	12
観賞					花				花			
					葉							
作業			植付・施肥									
							切戻					

弱剪定可

クレマチス'ダッチェス オブ エジンバラ'
Clematis 'Duchess of Edinburgh'
キンポウゲ科　園芸種

つる性　200〜300cm　←40〜60cm→

白　緑

日照 日なた〜半日陰　耐寒性 強　耐暑性 強
土壌 普　寿命 普　成長速度 早

特徴：蕾から咲き始めはグリーン、開くと白の大輪となり、自然な色の移り変わりが美しい。
栽培：旧枝咲き、弱剪定。冬は細枝を整理する程度。花後に伸びる枝を切り、枝数をふやす。

月	1	2	3	4	5	6	7	8	9	10	11	12
観賞					花							
					葉							
作業			植付・施肥									
							切戻（弱剪定）					

クレマチス'ドクターラッペル'
Clematis 'Dr.Ruppel'
キンポウゲ科　園芸種

つる性　250〜300cm　←40〜60cm→

桃　緑

日照 日なた〜半日陰　耐寒性 強　耐暑性 強
土壌 普　寿命 普　成長速度 早

特徴：古くから愛される定番の人気品種。庭によく映える華やかさがあり、空間を明るく演出。
栽培：旧枝咲き、弱剪定。冬は細枝を整理する程度。花後に伸びる枝を切り、枝数をふやす。

月	1	2	3	4	5	6	7	8	9	10	11	12
観賞					花							
					葉							
作業			植付・施肥									
							切戻（弱剪定）					

クレマチス'H・F ヤング'
Clematis 'H.F. Young'

'ドクターラッペル'と並び有名で一般的な品種だが、花付き、花色の美しさ、丈夫さに優れ、長く愛される理由がある。四季咲き。

クレマチス 'ロマンチカ'
Clematis 'Romantika'
キンポウゲ科　園芸種

特徴：黒いチョウと比喩される花は、引き締まった濃い色。明るいバラと合わせると際立つ。
栽培：遅咲き大輪系で新枝咲き。花後の強剪定で返り咲く。冬は地際1～3節を残して切る。

クレマチス インテグリフォリア 'ヘンダーソニー'
Clematis integrifolia 'Hendersonii'
キンポウゲ科　中央アジア

特徴：つるにならない草状のクレマチス。野草のような可憐な姿。花には甘く良い香りがある。
栽培：新枝咲き。花後地際近くまで切ると返り咲く。地中から芽吹くため、冬も強く切る。

クレマチス インテグリフォリア '花島'
Clematis integrifolia 'Hanajima'

つるにならない草状のクレマチス。明るいピンクの花で、この系統の普及種の中で最も丈夫。庭植え放任でも株のボリュームが出やすい。

クレマチス 'ユーリ'
Clematis 'Juuli'
キンポウゲ科　園芸種

特徴：整った花型の美花。半つる性で自分では絡まないので、誘引する。
栽培：とても強健で初心者にも向く。新枝咲きで、花後や冬は地際1～3節を残して切る。

クレマチス 'ロウグチ'
Clematis 'Rouguchi'
キンポウゲ科　園芸種

特徴：光沢のある深い花色。半つる性で自分では絡まない。短命なクレマチスにおいて長寿命。
栽培：性質がとても強健で初心者にも向く。新枝咲きで花後や冬は地際1～3節を残して切る。

クレマチス 'プリンセス ダイアナ'
Clematis 'Princess Diana'
キンポウゲ科　園芸種

特徴：チューリップ咲きで、厚い花弁は花もちが良い。色の良い花がたくさん咲く人気品種。
栽培：新枝咲き。花後や冬は地際1〜3節を残して切る。強健でよく伸び、花が繰り返し咲く。

クレマチス 'プリンセス ケイト'
Clematis 'Princess Kate'

'プリンセス ダイアナ'からの新色で2011年頃から流通が始まった。厚花弁で白と赤のバイカラー咲き。花付きが良い。

クレマチス テキセンシス 'スカーレット'
Clematis texensis 'Scarlet'
キンポウゲ科　北アメリカ

特徴：テキセンシスの変種。可愛い壺型の真っ赤な花。実生から栽培するため流通は少ない。
栽培：新枝咲き。花後や冬は地際1〜3節を残して切る。通気を良くしてウドンコ病に注意。

クレマチス バーシカラー
Clematis versicolor

アメリカ南東部のオーザック山脈に自生する原種。小さな壺型の花は個体差があるが、ピンクと白の2色で彩られ何とも愛らしい。

クレマチス タングチカ
Clematis tangutica
キンポウゲ科　中国

特徴：黄色のベル型の花。つるの伸びも早い強健種で、細かい葉がブッシュ状に旺盛に茂る。
栽培：花後強剪定で返り咲き。冬も強剪定。暖地は高温多湿を避け風通し良いやや半日陰へ。

クレマチス'プリンス チャールズ'
Clematis 'Prince Charles'
キンポウゲ科　園芸種

青 / 緑

日照 日なた〜半日陰　耐寒性　耐暑性
土壌　寿命　成長速度

特徴：パステル調の爽やかなスカイブルーの花。花径10cm前後になり、うなだれるような咲き方なので高い位置から咲かせると花がよく見える。優しい色なのでバラとの組み合わせにも向く。交配親は不明だが、繊細な姿、性質はビチセラの系統で、花の大きさはジャックマニー系統から引き継いでいると思われる。

栽培：ビチセラ系は、その年に伸びたつるは冬に枯れ、翌年、株元から新しい枝を伸ばし、その先に花を咲かせる新枝咲き。つるはやや柔らかく細いので支柱などに絡める。あまり旺盛でなく、伸び方も穏やかなので誘引は難しくない。花が満開を迎えて散り始めた頃に株元まで強く切り戻すと、再び新芽を伸ばし、花を咲かせる。冬に株元から切って取り去ることができるので、管理しやすい。

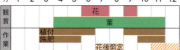

クレマチス'エトワール バイオレット'
Clematis 'Etoile Violette'
キンポウゲ科　園芸種

紫 / 緑

日照 日なた〜半日陰　耐寒性　耐暑性
土壌　寿命　成長速度 早

特徴：花形が整い、花色が奇麗。特に花付きが良く、かつ四季咲き性もある。性質が強く、同系では生育も早い方なので、初心者にもおすすめ。交配親は不明だが、繊細さや性質はビチセラ系統で、花付きの良さ、花色、強健さはジャックマニーの系統から引き継いでいると思われる。栽培や管理はビチセラに準ずる。

栽培：その年に伸びたつるは冬に枯れ、翌年、株元から新しい枝を伸ばし、その先に花を咲かせる新枝咲き。つるはやや柔らかく細いので支柱などに絡める。あまり旺盛でなく、伸び方も穏やかなので誘引は難しくない。花が満開を迎えて散り始めた頃に株元まで強く切り戻すと再び新芽を伸ばし、花を咲かせる。冬に枯れたつるや葉を切って取り去ることができるので、冬のお手入れが必要なく、管理しやすい。

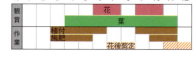

大型のアーチにクレマチス'エトワール バイオレット'と赤いつるバラ'シンパシー'を上下に誘引。(夢ハーベスト農場)

クレマチス *clematis*

カラーリーフ
Color Leaf

庭や寄せ植えの
ベースとなる
カラーリーフは、
使い方次第で
主役にもなる、
重要な脇役です。

ベロニカ'ミッフィー ブルート'
Veronica chamaedrys 'Miffy Brute'
オオバコ科（ゴマノハグサ科）　ヨーロッパ

這い性　10〜15cm　←40〜60cm→

青 / 緑

日照 日なた　耐寒性 強　耐暑性 強
土壌 普　寿命 普　成長速度 普

特徴：小葉がカーペット状に広がる。クリーム色の斑が入り、青い小花との対比も良い。
栽培：見た目に比べ丈夫で葉焼けも少ない。耐寒、耐暑性を備えており、日なたの庭植えに適す。

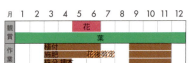

ベロニカ'アズテック ゴールド'
Veronica prostrata 'Aztec Gold'
オオバコ科（ゴマノハグサ科）　ヨーロッパ

這い性　10〜15cm　←30〜50cm→

青 / 黄

日照 日なた　耐寒性 強　耐暑性 強
土壌 普　寿命 普　成長速度 遅

特徴：明るい黄色の葉と青い小花の対比が美しい。特に春は葉色が冴え鮮やか。生育は遅い。
栽培：日陰や水分が多い場所では葉色が緑になるため、日当たり、水はけの良い場所に向く。

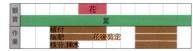

ベニシダ（紅羊歯）
Dryopteris erythrosora
オシダ科　日本

広がる1　30〜50cm　←40〜60cm→

緑

日照 半日陰〜日陰　耐寒性 強　耐暑性 強
土壌　寿命 長　成長速度 普

特徴：本州・四国・九州などに自生する。新葉の色が赤やオレンジを帯び、後に緑色に変わる。
栽培：冬も常緑で、厚い葉が丈夫。耐暑性が強いが耐寒性はやや劣る。強い霜や寒さは避けた方が良い。

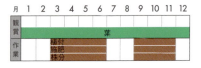

カンナ'ベンガル タイガー'
ハナカンナ
Canna 'Bengal Tiger'
カンナ科　熱帯アメリカ

立性　60〜100cm　←50〜80cm→

橙 / 緑

日照 日なた〜半日陰　耐寒性 強　耐暑性 強
土壌　寿命 普　成長速度 早

特徴：地にレモン色の斑が入り、ストライプとなるおしゃれな葉色。花はオレンジ色の大輪。
栽培：カンナは乾燥、多湿どちらにも耐えるが、斑入り種は生育が遅い。寒冷地では冬に取り込む。

アサギリソウ
ハクサンヨモギ　*Artemisia schmidtiana*
キク科　日本

特徴：手触りも柔らかな銀色の葉が半球状に茂る。様々な場所に合わせやすいカラーリーフ。
栽培：多湿を嫌い、乾燥に強く、乾いた日なたに適す。伸びたら短く切り戻すと、姿良く再生。

オウゴンアサギリソウ
Artemisia schmidtiana 'Ever Goldy'

アサギリソウの芽変わりから生まれた黄金葉の品種。光を反射し輝くような美しい葉色。基本種よりも生育が弱く、蒸れに注意。

アマドコロ 斑入り
Polygonatum odoratum var. *pluriflorum*
キジカクシ科　日本、朝鮮半島など

特徴：日本の野山に自生。国内環境に合う。晩春から初夏に可愛い釣鐘のような花を付ける。
栽培：暑さ寒さに強く丈夫。日陰で地下茎により広がる。ある程度の乾燥にも耐える。

ツワブキ
イシブキ　*Farfugium japonicum*
キク科　日本、中国など

特徴：しっとりとした光沢のある葉は趣があり、落ち着いた雰囲気。株姿が良く、花も奇麗。
栽培：日陰や湿った場所でも育つ。強い日射や乾燥による葉焼けに注意。関東以北では防寒を。

コクリュウ
オオバジャノヒゲ　*Ophiopogon planiscapus* 'Nigrescens'
キジカクシ科　日本

特徴：黒葉は他に無く、用途が広い。生育は遅く寄せ植えにも良い。芳香花で、黒実も奇麗。
栽培：丈夫な性質で放任可。やや半日陰で肥沃、水はけ良い場所で生育が良い。周年常緑。

ハツユキカズラ
テイカカズラ
Trachelospermum asiaticum 'Tricolor'
キョウチクトウ科　日本、朝鮮半島

銅　　這い性　↑10〜15cm　←50cm以上→

日照 日なた〜半日陰　耐寒性　耐暑性
土壌 普　寿命 長　成長速度 普

特徴：白い散り斑が不規則に入る。芽吹きがピンク色で美しい。常緑でグラウンドカバーに良い。
栽培：日なた〜半日陰の肥沃でやや水分がある場所が良い。夏の強光や乾燥での葉焼けに注意。

月	1	2	3	4	5	6	7	8	9	10	11	12
観賞						葉						
作業			植付									
			施肥									
			株分、挿木									

ニューサイラン
Phormium
キジカクシ科　ニュージーランド

銅　　立性　↑60〜300cm　←30〜120cm→

日照 日なた　耐寒性　耐暑性
土壌 やや乾　寿命 長　成長速度 普

特徴：厚い革質の葉が立ち、シャープな印象。アクセントに使うと洗練された雰囲気が出る。
栽培：日当たり良いやや乾燥地へ。日陰、多湿では徒長し倒伏しやすい。種類により防寒が必要。

月	1	2	3	4	5	6	7	8	9	10	11	12
観賞						葉						
作業			植付									
			施肥									
			株分									

ビンカ マヨール 'バリエガータ'
ツルニチニチソウ　*Vinca major* 'Variegata'
キョウチクトウ科　南ヨーロッパ

青　緑　這い性　↑10〜30cm　←80cm以上→

日照 日なた〜半日陰　耐寒性　耐暑性
土壌 普　寿命 長　成長速度 早

特徴：生育旺盛でつるが横によく広がり、庭の下草やグラウンドカバーに良い。寄せ植えにも。
栽培：暑さ、寒さ、乾燥に耐える丈夫な性質。日なた、日陰、土質も選ばず用途が広い。

月	1	2	3	4	5	6	7	8	9	10	11	12
観賞				花								
				葉								
作業			植付									
			施肥									
			株分、挿木									

ビンカ マヨール 'ワジョー ジェム'
Vinca major 'Wojo's Jem'

'バリエガータ'より、生育が遅いが、色が明るく、寄せ植えやハンギングにも映える。伸びる枝からも根を下ろし広範囲に広がる。

グンネラ マニカタ
オニブキ　*Gunnera manicata*
グンネラ科　ブラジル、コロンビア

橙　緑　個性的　↑150〜300cm　←200〜400cm→

日照 日なた〜半日陰　耐寒性　耐暑性 弱
土壌 水　寿命 長　成長速度 遅

特徴：世界最大の葉をもつ植物。存在感抜群で圧倒的な迫力がある。潤湿で冷涼な環境を好む。
栽培：寒冷地では厚くワラをかけるなどで越冬できるが、暖地では逆に夏越しに難がある。

月	1	2	3	4	5	6	7	8	9	10	11	12
観賞						花						
				葉								
作業			植付									
			施肥									
			株分									

リシマキア ヌムラリア 'オーレア'
Lysimachia nummularia 'Aurea'
サクラソウ科　ヨーロッパ

這い性　3～10cm　←80cm以上→

黄／黄

日照 日なた～半日陰　耐寒性　耐暑性 強
土壌 普　寿命 長　成長速度 早

特徴：明るい黄葉が地面をカーペット状に這う。生育旺盛でグラウンドカバーや雑草除けに。
栽培：半日陰の水気が多い場所に有効。日なたで葉色が良いが、強光や乾燥での葉焼け注意。

月	1	2	3	4	5	6	7	8	9	10	11	12
観賞						花	花					
			葉	葉	葉	葉	葉	葉	葉	葉		
作業			植付	植付					植付	植付		
			施肥	施肥					施肥	施肥		
			株分、挿木	株分、挿木					株分、挿木	株分、挿木		

リシマキア 'ミッドナイト サン'
Lysimachia congestiflora 'Midnight Sun'
サクラソウ科　中国

這い性　3～10cm　←40cm以上→

黄／銅

日照 日なた～半日陰　耐寒性　耐暑性 強
土壌 普　寿命 普　成長速度 普

特徴：小さいブロンズ色の葉が這うように広がる。星形の黄花が咲き葉色との対比も美しい。
栽培：半日陰に向くが、日なたにもある程度耐える。土質も選ばず丈夫だが、強い乾燥に注意。

月	1	2	3	4	5	6	7	8	9	10	11	12
観賞						花	花					
			葉	葉	葉	葉	葉	葉	葉	葉		
作業			植付	植付					植付	植付		
			施肥	施肥					施肥	施肥		
			株分、挿木	株分、挿木					株分、挿木	株分、挿木		

カラーリーフ

トリカラーセージ

パープルセージ
Salvia officinalis 'Purpurascens'
シソ科　ヨーロッパ

こんもり　40～60cm　←40～60cm→

紫／銅／香

日照 日なた　耐寒性　耐暑性 強
土壌 普　寿命 普　成長速度 普

特徴：コモンセージの紫葉で、シックな葉色がおしゃれ。葉に芳香、ラベンダー色の花も咲く。
栽培：水はけ良い日なたへ。適度に切り、姿を整える。日陰や多湿、肥沃では葉色が薄く徒長。

月	1	2	3	4	5	6	7	8	9	10	11	12
観賞					花	花						
			葉	葉	葉	葉	葉	葉	葉	葉		
作業			植付						植付			
			施肥				花後剪定		施肥			
			株分、挿木						株分、挿木			

ホワイトセージ
Salvia apiana
シソ科　アメリカ南西部、メキシコ

個性的　100～180cm　←60～100cm→

白／白／香

日照 日なた　耐寒性　耐暑性 強
土壌 乾燥　寿命 長　成長速度 普

特徴：白い葉茎が美しいサルビア。香りが強く、乾燥葉を焚いてお清めなどにも使用される。
栽培：乾きやすい日なたを好む。大型でよく伸び、まめに切り枝数を増やす。寒冷地では防寒。

月	1	2	3	4	5	6	7	8	9	10	11	12
観賞					花	花						
			葉	葉	葉	葉	葉	葉	葉	葉		
作業			植付						植付			
			施肥				花後剪定		施肥			
			株分、挿木						株分、挿木			

ゴールデンセージ
Salvia officinalis 'Icterina'

黄色のエッジが奇麗な斑入り種。明るい色でハーブガーデンの彩りに良い。コモンセージの品種だが、よりコンパクトで姿が良い。

カラミンサ'バリエガータ'
Calamintha grandiflora 'Variegata'
シソ科　ヨーロッパ

桃　緑　香

特徴：グランデフロラの斑入り。マーブル模様の芳香葉とピンクの花が可愛い。生育は遅い。
栽培：水はけ良い日なたを好む。暖地では夏に葉が焼けないよう半日陰が良い。高温多湿に注意。

オレガノ'ノートンズ ゴールド'
ゴールデンマジョラム　*Origanum* 'Noton's Gold'
シソ科　園芸種

桃　黄　香

特徴：明るい黄金葉の品種。他品種より発色良く、夏期も美しい葉色を保つ。花は淡いピンク。
栽培：生育は遅く、まとまって少しずつ広がる。花後など伸び過ぎたら地際で切り、再生させる。

タイム'ハイランド クリーム'
Thymus 'Highland Cream'
シソ科　地中海沿岸

桃　緑

特徴：レモンタイムの斑入り品種。葉が特に小さく密に、クッション状に茂る。
栽培：葉が細かく密生するため、蒸れやすく、高温多湿に注意。日なたで水はけの良い場所へ。

エゴポディウム'バリエガータ'
イワミツバ　*Aegopodium podagraria* 'Variegata'
セリ科　ヨーロッパ

白　緑

特徴：若緑色に白い斑が映え、明るく爽やか。地下茎でよく広がる。白いレース状の花も奇麗。
栽培：水分を好むが、多少の乾きにも耐え強健。寒冷地では日なたも可。暖地では半日陰へ。

カラーリーフ

アラリア 'サンキング'
Aralia cordata 'Sun King'
ウコギ科　東アジア

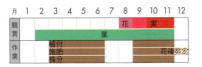

特徴：ウドの黄金葉。明るい葉色の大型植物で存在感がある。夏の白花、秋の実も楽しめる。
栽培：日なたから明るい日陰で、肥沃で少し湿った場所が最適。大きく茂るので場所を確保。

ムラサキミツバ（紫三つ葉）
Cryptotaenia japonica 'Atropurpurea'
セリ科　東アジア

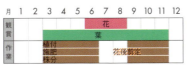

特徴：くすんだ銅色の葉がアクセントに面白い。こぼれダネでよくふえる。食用にもなる。
栽培：食用の場合は水耕栽培にするが、観賞用なら土質を選ばず、乾く場所でも問題なく育つ。

ペルシカリア 'レッド ドラゴン'
Persicaria microcephala 'Red Dragon'
タデ科　ヒマラヤ

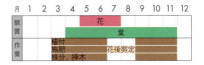

特徴：葉の模様がカラフルで面白いタデの仲間。地下茎でふえるが広がり過ぎず使いやすい。
栽培：日当たり乾く場所で色が濃く、株姿がコンパクトに。肥沃で潤湿な場所では伸びやすい。

ルメックス サンギネウス
アカスジソレル　*Rumex sanguineus*
タデ科　ヨーロッパ

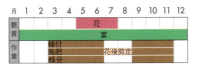

特徴：葉脈が赤い個性的な葉色が面白い。こぼれダネでふえる。暖地では冬も常緑。
栽培：日当たり、水はけ良く。肥沃な土壌では葉が茂り、痩せ地では葉が小さく脈の色が濃い。

ユーフォルビア ミルシニテス
ミルテルスパージ　*Euphorbia myrsinites*
トウダイグサ科　ヨーロッパ

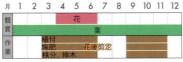

特徴：多肉質の銀灰色の葉、茎が這う、ユニークな姿。寒さに強く、寒冷地でも常緑で越冬。
栽培：乾燥した日なたに植栽。石垣などから垂らしてもよい。こぼれダネでふえる。

ワイルドストロベリー 'ゴールデン アレキサンドリア'
Fragaria vesca 'Golden Alexandria'
バラ科　ヨーロッパ

特徴：春から秋まで葉色が美しく、四季なりの赤い実との対比も良い。食用改良種で実が美味。
栽培：日当たり、水はけ良く。痩せ地でも育つ。ランナーではふえず、こぼれダネでふえる。

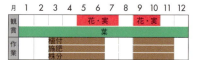

ディコンドラ 'エメラルド フォールズ'
アオイゴケ　*Dichondra repens* 'Emerald Falls'
ヒルガオ科　オーストラリア、ニュージーランド

特徴：緑の丸葉が地面を覆うように這い広がる。少々の踏圧に耐え、グランドカバーに良い。
栽培：林床に自生し日陰、多湿に強い。乾燥や日射にも耐えるが、痩せ地では葉色が浅くなる。

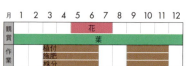

ディコンドラ セリセア
Dichondra sericea

コイン型の銀灰葉が這うように広がる。他種のように繁殖枝で一気に広がるタイプでなく、ゆっくりと密に茂り、姿が乱れない。

クジャクシダ（孔雀羊歯）
ホウライシダ　*Adiantum pedatum*
イノモトソウ科　東アジア、北アメリカ

特徴：葉が柔らかく羽根のように広がる、古来親しまれる美しいシダ。若葉は赤みを帯びる。
栽培：日本にも広く自生し、丈夫で育てやすい。やや湿り気のある日陰に適す。冬は落葉する。

クローバー 'パープレッセンス クアドリフォリウム'
Trifolium repens 'Purpurascens Quadrifolium'
マメ科　ヨーロッパ

特徴：白花、黒い葉が特徴。四つ葉が多く出るので人気がある。生育は遅く、草姿が乱れない。
栽培：日なたから半日陰へ。葉が密生し、狭小地のカバーに。高温多湿に弱く、水はけ良く。

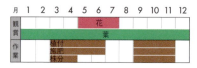

クローバー 'ウイリアム'
Trifolium repens 'William'
マメ科　ヨーロッパ

特徴：深いワインレッドの葉色で花も赤く、色合いが奇麗。性質が丈夫で広範囲に広がる。
栽培：日当たり、水はけ良い場所へ。荒地でも育つ。肥沃で潤湿な場所では姿が乱れ大柄に。

カラーリーフ

ツボサンゴ、ギボウシ、リグラリアなどカラーリーフを植栽した庭（ラ・カスタ ナチュラル ヒーリング ガーデン）。

ロータス'ブリムストーン'
イワデ　*Lotus hirsutus* 'Brimstone'
マメ科　地中海沿岸

広がる1　↑30〜60cm　←30〜50cm→

白　銀

日照 日なた／耐寒性／耐暑性 強
土壌 やや乾／寿命 普／成長速度 普

特徴：綿毛に包まれた柔らかい葉で、先端がクリーム色になる。花はレンゲに似た白花。
栽培：日なた、乾燥に強く丈夫。木質化し伸長するのでこまめに剪定し姿を整える。冬も常緑。

月	1	2	3	4	5	6	7	8	9	10	11	12
観賞					花				花			
				葉								
作業			植付・施肥				花後剪定				切戻	
			株分、挿木									

ニシキシダ'ゴースト'
イヌワラビ　*Athyrium niponicum* 'Ghost'
イワデシダ科　東アジア

広がる1　↑20〜40cm　←40〜80cm→

銀

日照 半日陰〜日陰／耐寒性／耐暑性 強
土壌 湿／寿命 普／成長速度 普

特徴：国内に広く自生するニシキシダの品種。銀色の葉で柄が赤黒くなる、とても美しい葉色。
栽培：潤湿で肥沃な日陰で茂り、色も良い。乾燥地や日なたでは葉が小さく、色も出にくい。

月	1	2	3	4	5	6	7	8	9	10	11	12
観賞					葉							
作業			植付									
			施肥									
			株分									

ギボウシ

ギボウシ'サガエ'
ホスタ、ファンキア
Hosta fluctuans 'Sagae'
キジカクシ科　東アジア

特徴：品種名は山形県の寒河江市に由来し、世界的に人気の高い定番品種。2000年に「AHS ホスタオブジイヤー」を受賞した。明るい灰緑色の葉はすっきりと立ち、葉の裏側の銀灰色を見せ、緩やかなウエーブを描くフリルの葉は、黄色の斑で縁取られ、葉形の美しさを際立たせる。春から秋まで葉色は変化せず良い色を保ち、大株の姿はとても美しい。また、立ち葉のため周囲の草花の生育を邪魔せず、混植に向く。ギボウシは欧米でも人気が高く、長期間葉が楽しめ、丈夫で手間が掛からないため、「パーフェクトプランツ」と呼ばれる。

栽培：基本的に半日陰に適すが、冷涼な気候下では日なたでも育つ。潤湿で肥沃な土壌で葉が大きくなり、本来のパフォーマンスを表すが、痩せ地でなければ、ある程度の乾燥にも耐える。

ギボウシ'ファイヤー & アイス'
Hosta 'Fire and Ice'

濃い緑色に白い中斑がはっきりと入る。品種名と相まって美しい。花上がりの良い品種でピンクの花をたくさん咲かせる。

ギボウシ'プレイング ハンズ'
Hosta 'Praying Hands'

濃い緑に細い糸状の白斑が入る。ねじれた細葉が立ち、ユニークでおしゃれな雰囲気。「祈る手」の意味のネーミングも面白い。

ギボウシ'サム アンド サブスタンス'
Hosta 'Sum and Substance'

光沢のある黄緑色の大きな葉が特徴。ギボウシの中で群を抜いて生育が早く、とても大型で圧倒的な存在感がある。日射に強い。

ギボウシ'ジューン'
Hosta 'June'

芽吹きは鮮やかな黄金色で、葉が開くと青みを帯びて、エメラルドグリーンに変わる。葉色が美しく同系では群を抜いて人気。

ギボウシ'ハルション'
Hosta 'Halcyon'

ブルーがかった灰青色。葉の表面は整然と葉脈が並び、滑らかで美しい。日陰で冷涼な環境ほど青が出やすい。花は白。

ギボウシ'フランシス ウイリアムズ'
Hosta 'Frances Williams'

青緑色の丸葉に黄緑の斑入り。古くからある有名種だが、同系大型種の中でも最も美しいと評される。日陰で色が出やすい。

ギボウシ'パトリオット'
Hosta 'Patriot'

緑色に白斑がはっきり入り、葉色が変化しない。普及種だが、明白な葉色が他に代えがたく、人気がある。春の芽吹きはやや遅い。

ギボウシ'リーガル スプレンダー'
Hosta 'Regal Splender'

'サガエ'に似るが、より青みが明るく、斑が白く葉が細い。'サガエ'のような迫力は無いが、すっきりとした草姿でデザイン性が高い。

ギボウシ'アトランティス'
Hosta 'Atrantis'

とがった葉は大きくウェーブ状になり、雰囲気が良い。斑の色は黄緑で、葉が展開につれ黄色が鮮やかに変わる。性質が丈夫。

ギボウシ'ゴールデン ティアラ'
Hosta 'Golden Tiara'

緑に黄色の斑入り。丸いスプーン型の葉が奇麗に密生する。芽が良くふえ、丈夫で広がるのでグラウンドカバーに多く使われる。

ヒューケラ

ヒューケラ'パレス パープル'
ツボサンゴ
Heuchera 'Palace Purpule'
ユキノシタ科 北アメリカ、メキシコ　こんもり　↑30～50cm　←40～60cm→

特徴：欧米で古来親しまれる、ツボサンゴの代表品種。整った形の赤紫色の葉は光沢を持ち、花穂を無数に立ち上げる様子は、庭に落ち着いた印象をもたらす。草花と組み合わせ、それらを引き立てるアクセントに最適な存在であり、イングリッシュガーデンの定番植栽パターン。

栽培：日陰の植物として知られるが、猛暑地を除き、水分があれば日なたでも植栽可。むしろ日陰で多湿だと株が軟弱になるので、真夏以外は日当たりが良い方が健全に育つ。暖地では真夏の強い日差しや乾燥を避けて半日陰に植栽するが、昼頃まで日が当たり、西日は避けられる程度の場所が良く、完全な日陰は避ける。土壌や環境が適さないと茎が木質化し、葉が萎縮するので、その際は掘り起こして株分けで更新するか、適した場所へ深めに植え直す。

ヒューケラ'キャラメル'
Heuchera 'Caramel'
芽吹きの葉は明るいオレンジ色で、葉が展開すると徐々に黄色が混ざり、キャラメル色に変化する。生育が早く丈夫で、やや大型。

ヒューケラ'ジョージア ピーチ'
Heuchera 'Georgia Peach'
芽吹きの葉は赤みが強く、徐々に薄い白布がかかったような色になる。環境によっては、鮮やかに冴える発色を見せ、美しい。

ヒューケラ'フォーエバー パープル'
Heuchera 'Forever Purple'
紫色が濃く、はっきりとした色合い。特に芽吹きの葉は光沢が出て奇麗。葉はフリル状になり、ピンクを帯びた白花を咲かせる。

ヒューケラ'シルバー スクロール'
Heuchera 'Silver Scrolls'
メタリックな銀灰色で、黒褐色の脈が入り、葉の裏側が赤いリバーシブル。白い花がたくさん咲き、秋冬は紫を帯びて紅葉する。

ヒューケラ'ベルベット ナイト'
Heuchera 'Velvet Night'
新葉は色が濃く、細かい毛に覆われたビロード状で品種名が似合う。生育が早く、葉が大きくなるので、アクセントにも効果的。

ヒューケラ'ライム リッキー'
Heuchera 'Lime Rickey'
明るいライム色で、銅葉の品種との組み合わせも対比が良い。花付きが良く、多くの花茎を立ち上げて白い花を咲かせる。

グラス
Grass

欧米で人気のグラス。
暑さに強いものが多く、
日本の夏のガーデンでも
活躍します。

シマススキ（縞薄）
Miscanthus sinensis 'Variegatus'
イネ科　東アジア

立性 120〜200cm / 80〜120cm以上

日照 日なた ／ 耐寒性 寒 ／ 耐暑性 暑
土壌 やや乾 ／ 寿命 長 ／ 成長速度 早

特徴：ススキの斑入り品種。生育が早く、ほぼどこでも育つほど強健。大型で迫力ある草姿。
栽培：日なたを好み、水はけの良い場所へ。肥沃地だと大きくなり過ぎ、痩せ地の方が適度。

月	1	2	3	4	5	6	7	8	9	10	11	12
観賞							穂	穂				
				葉	葉	葉	葉	葉	葉	葉	葉	
作業		植付・施肥・株分	植付・施肥・株分	植付・施肥・株分	植付・施肥・株分	植付・施肥・株分				花後剪定	花後剪定	花後剪定

ススキ 'ゴールド バー'
Miscanthus sinensis 'Gold Bar'
イネ科　東アジア

立性 30〜60cm / 25〜40cm

日照 日なた ／ 耐寒性 寒 ／ 耐暑性 暑
土壌 やや乾 ／ 寿命 長 ／ 成長速度 早

特徴：タカノハススキに似るが、草丈が60cm程にしかならない。斑も細かくはっきり入る。
栽培：日なたで水はけ良い場所へ。生育が穏やかで場所を取らず、使いやすい。寄せ植えにも。

月	1	2	3	4	5	6	7	8	9	10	11	12
観賞							穂	穂				
				葉	葉	葉	葉	葉	葉	葉	葉	
作業		植付・施肥・株分	植付・施肥・株分	植付・施肥・株分	植付・施肥・株分	植付・施肥・株分				花後剪定	花後剪定	花後剪定

ホルデューム ジュバタム
Hordeum jubatum
イネ科　北アメリカ

立性 40〜60cm / 30〜50cm

日照 日なた ／ 耐寒性 寒 ／ 耐暑性 暑
土壌 やや乾 ／ 寿命 短 ／ 成長速度 普

特徴：繊細な穂が美しく、柔らかな印象。緑からピンクを帯び、白味のある茶色へと変わる。
栽培：乾きやすい日なたへ。暖地では一年草扱いだが涼しい場所で夏越し可。切り花にも人気。

月	1	2	3	4	5	6	7	8	9	10	11	12
観賞					穂	穂						
			葉	葉	葉	葉	葉	葉	葉	葉	葉	
作業		植付・施肥・株分	植付・施肥・株分	植付・施肥・株分	花後剪定	花後剪定	花後剪定					

パンパスグラス
シロガネヨシ　*Cortaderia selloana*
イネ科　ブラジル、アルゼンチン、チリ

立性 200〜300cm / 150〜200cm

日照 日なた ／ 耐寒性 寒 ／ 耐暑性 暑
土壌 やや乾 ／ 寿命 長 ／ 成長速度 早

特徴：とても大型のグラス。秋に大きな穂がたくさん上がり、圧倒的な存在感がある。落葉性。
栽培：暑さや痩せ地に強く日なたで穂が多く出る。寒冷地で越冬可だが、極寒地では防寒を。

月	1	2	3	4	5	6	7	8	9	10	11	12
観賞									穂	穂		
				葉	葉	葉	葉	葉	葉	葉	葉	
作業		植付・施肥・株分	植付・施肥・株分	植付・施肥・株分							花後剪定	花後剪定

フウチソウ（風知草）
ウラハグサ　*Hakonechloa macra* 'Aureola'　立性
イネ科　日本

緑 / 白

日照 日なた～半日陰　耐寒性 強　耐暑性 強
土壌 普　寿命　成長速度 普

特徴：風知草の名のとおり、風に揺れてさらさらと鳴る。斑入り種は赤みを帯びる紅葉も奇麗。
栽培：日なたから半日陰まで広く使用できる。暖地では半日陰の適湿地で葉が奇麗に保てる。

月	1	2	3	4	5	6	7	8	9	10	11	12
観賞								穂				
					葉							
作業	切戻		植付/施肥/株分								切戻	

斑入りセイヨウダンチク
Arundo donax var. *versicolor*　立性
イネ科　地中海沿岸、アジア

緑 / 白

↑300～500cm ←200cm以上

日照 日なた　耐寒性 強　耐暑性 強
土壌 普　寿命 長　成長速度 早

特徴：背が高くなり、最大で5mにも及ぶ大型種。性質は極めて強健でワイルドな迫力がある。
栽培：日なたであれば土質も選ばず、暑さ寒さに耐え、極めて強健。広い場所に植栽を。

月	1	2	3	4	5	6	7	8	9	10	11	12
観賞							穂					
				葉								
作業			植付/施肥/株分					花後剪定				

フェスツカ グラウカ
ギンシンソウ　*Festuca glauca*
イネ科　ヨーロッパ

こんもり　↑20～50cm　←20～35cm

緑 / 銀

日照 日なた　耐寒性 強　耐暑性 強
土壌 やや乾　寿命 長　成長速度 遅

特徴：ブルーがかった銀灰色の葉が美しい。イングリッシュガーデンでおなじみのグラス。
栽培：乾いた場所ほど葉の銀色が出、高温多湿では葉色が出ず徒長して蒸れる。周年常緑。

月	1	2	3	4	5	6	7	8	9	10	11	12
観賞						穂						
				葉								
作業			植付/施肥/株分			花後剪定						

ミューレンベルギア カピラリス
Muhlenbergia capillaris　立性
イネ科　アメリカ

赤 / 緑

↑60～90cm　←40～80cm

日照 日なた　耐寒性 強　耐暑性 強
土壌 やや乾　寿命 長　成長速度 普

特徴：夏から秋に出る赤い穂が美しい。大株になると幻想的な景観を作り出す。
栽培：乾きやすい場所ほど穂が多く密に出る。日なたは穂が赤くなるが日陰では色が出ない。

月	1	2	3	4	5	6	7	8	9	10	11	12
観賞										穂		
					葉							
作業	花後剪定		植付/施肥/株分									

ペニセタム'カーリー ローズ'
Pennisetum orientale 'Karley Rose'
イネ科　中央アジアなど

特徴：耐寒性、耐暑性に優れた丈夫なアジアのグラス。秋に出る穂はピンクを帯びて美しい。
栽培：水はけ良い日なたへ。乾燥気味の場所で穂が良く上がる。痩せ地に強い強健種。落葉性。

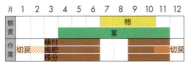

花後剪定と冬剪定が同時

ワイルドオーツ
スパイクグラス *Chasmanthium latifolium*
イネ科　北アメリカ

特徴：真っすぐ立つきれいな草姿で、面白い形のタネを下垂させる。冬枯れ後も風情がある。
栽培：日なたを好み乾燥に耐える。冬は落葉し、翌年株元から芽を出すため、春までに刈り取る。

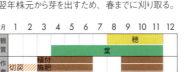

花後剪定と冬剪定が同時

カレックス'ブロンズ カール'
ミルクチョコレート *Carex comans* 'Bronz Curls'
カヤツリグサ科　ニュージーランド

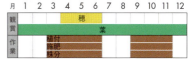

特徴：コマンスの品種。小型で細くカールした葉が面白い。寄せ植えや庭のアクセントに。
栽培：高温多湿による蒸れに注意し水はけ良い日なたへ。肥沃な土壌で生育良好。周年常緑。

パニカム'プレーリー スカイ'
Panicum virgatum 'Prairie Sky'
イネ科　北アメリカ

特徴：キビの仲間。青系のパニカムでも際立って色が明るい。真っすぐ伸びる美しい草姿。
栽培：どこでも育つ強健種。日なたでは発色が良いが、日陰では色が出ず姿も乱れる。落葉性。

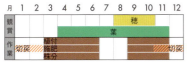

花後剪定と冬剪定が同時

パニカム'チョコラータ'
Panicum virgatum 'Chocolata'
イネ科　北アメリカ

特徴：葉先は銅色に色付き、秋には全体が紅葉する。穂は細かく遠めに見ると霞のよう。
栽培：耐寒性、耐暑性に優れる強健種。パニカムの仲間では小型なので扱いやすい。落葉性。

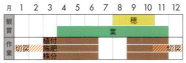

花後剪定と冬剪定が同時

バラ'ピエール ドゥ ロンサール'を引き立てる下草のフェスツカ グラウカ（白馬コルチナ・イングリッシュガーデン）。

宿根草の育て方

宿根草とは

宿根草は、四季折々の花や葉などで、庭や寄せ植えの表現を豊かにします。

◆ 宿根草は生活に密着した草花

ガーデニング先進国のヨーロッパでは、宿根草を庭の核として植栽し、それを補う形で一年草を配置するパターンが多く見られます。一方、季節の景色を大切にする日本では、ウメやサクラなどとともに、古来フジバカマやオミナエシなどの宿根草が短歌に歌われています。野性味を残す素朴な美しさをもつ宿根草は、生活に密着し、ナチュラルなスタイルにぴったりな素材です。

◆ 「宿根草」とは園芸の分類

植物には学術的な分類と園芸的な分類があります。園芸では生育サイクルや用途などで植物を分類し、種子から芽を出して1年限りで枯れる草花を「一年草」（種子から枯れるまで2年かかるものは「二年草」）、数年にわたって生きる草花を「宿根草（多年草）」としています。

宿根草と多年草はほぼ同じ意味で、よりフォーマルな呼び方は多年草ですが、冬や夏など過酷な環境を乗り切るために、芽や茎、根を残して枯れ、気候の回復とともに芽を出すサイクルをもつものを、便宜的に宿根草と呼んでいます。また、宿根草の名が常緑の多年草と区別して使われることもあります。なお、「球根植物」も宿根草（多年草）に含まれる場合もあります（諸説あり）。

◆ 様々な種類がある魅力ある植物

宿根草は地球の様々なところに原産地をもっているので、とてつもない種類があります。種類により形態や性質が様々で、毎年新品種が発表されています。日本で苗として流通したことのあるものだけでも、品種レベルで数万種になるのではないでしょうか。

性質も多様です。そのため、日本では栽培の目安として、耐寒性と耐暑性を考慮した分類がされ、原産地では多年草でも日本の環境では枯れてしまうものを一年草として扱うことがあります。

〈 宿根草の生育サイクル例 〉

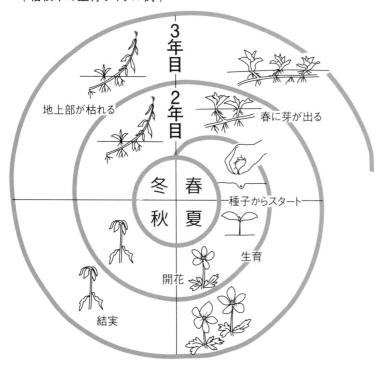

〈 多年草（宿根草）の分類 〉

多年草は、主に耐寒性によって分類されています。ただし、厳密な定義があるわけではありません。関東から関西の平野部を中心に判断されています。

耐寒性多年草	寒さに強く、屋外で越冬可能。反面、暑さに弱いものもある。
半耐寒性多年草	寒さに少し弱く、冬季は軒下や室内に取り込んで越冬させる。
非耐寒性多年草	寒さに弱く、戸外では越冬できない。反面、暑さに強いものが多い。「一年草扱い」「一年草」と表記されることもある。

苗の選び方

良い苗が購入できると、良い結果を出しやすくなります。

◆ 信頼できる園芸店を探す

宿根草人気とともに、園芸店、ホームセンターなどの品ぞろえが充実するようになりました。以前は手に入りにくかった花や、珍しい花もネットショッピングで手軽に購入できるようになっています。お気に入りの種類を探して植えてみましょう。

その際は、地域で信頼のおける園芸店を探しておくと良いです。その土地の気候を理解しているので、的確なアドバイスがもらえます。

◆ 植える環境が大切

まず大切なことは、育てる環境に合う種類か、使い方に合う種類を選ぶことです。いくら丈夫な植物でも、日なたなのか日陰なのか、寒冷地なのか暖地なのか、乾燥しやすいのか湿っているのかなど、場所に合っていなければ寿命は短くなります。もしくは寄せ植えで使用するなど、一時的な花材にすることがあるかもしれません。その場合は、目的が終わったら植え直すか、一年草扱いとして割り切ります。

この図鑑には、それぞれの宿根草の適した環境のヒントがたくさん出ています。花だけではなく、性質も考えて、種類選びの参考にご利用ください。

◆ 購入時期も大切

一般に流通する苗には、開花前の苗と開花中の苗があります。宿根草の場合は、花期が短いものが多く、なるべく咲く前のものを購入し、購入したらすぐに植えて、庭やコンテナで十分に根を張らせてから咲かせると良いでしょう。環境になじんで咲く花には、その花本来の美しさが見られ、その場所に対する耐性が付いて丈夫になっており、花期も長くなります。春に咲くものは前年の秋に、秋に咲くものは春に苗を購入して植えると、開花までに根が張れ、理想的です。もちろん、開花中の株を購入してしばらく楽しみ、花が終わった後に植え替えても良いでしょう。

◆ 苗の見分け方

秋に入手する苗は、あまり気を使わなくても大丈夫です。庭に植えて越冬させれば、場所になじみ、きちんと花を咲かせます。しかし、春の苗には注意します。しっかりと寒さに当たって越冬した葉で、節間の詰まったものを選びましょう。栽培期間の短いものや寒さに当たっていないものは、適期に咲かなかったり、夏越しが難しい場合があります。

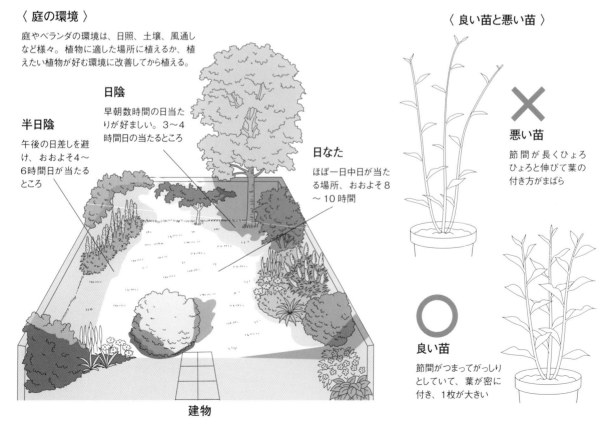

〈 庭の環境 〉

庭やベランダの環境は、日照、土壌、風通しなど様々。植物に適した場所に植えるか、植えたい植物が好む環境に改善してから植える。

半日陰 午後の日差しを避け、おおよそ4〜6時間日が当たるところ

日陰 早朝数時間の日当たりが好ましい。3〜4時間日の当たるところ

日なた ほぼ一日中日が当たる場所、おおよそ8〜10時間

建物

〈 良い苗と悪い苗 〉

✕ 悪い苗 節間が長くひょろひょろと伸びて葉の付き方がまばら

〇 良い苗 節間がつまってがっしりとしていて、葉が密に付き、1枚が大きい

宿根草の用土、肥料、水やり

肥料や水はやり過ぎず、「必要最小限」が健全な育成のコツです。

◆ 土を豊かにすることが大切

他の植物同様、宿根草の生育に土はとても重要です。環境が適していても土が合っていなければよく育ちません。多くの宿根草は寿命が長く、生育スピードも一年草に比べ穏やかなので、肥料を多く与えて促成するよりも、肥沃な土を用いて、葉、茎、根をゆっくり成長させ、しっかりとした株を作ります。

コンテナ栽培では、市販の培養土が便利です。安物は避け、信頼できる園芸店やナーサリーのおすすめのものが安心です。多くは通常の培養土で十分ですが、宿根草の種類により好む土の性質が異なります。園芸店などで植えたい宿根草に合った培養土を教えてもらいましょう。

庭植えでは、通常、元々の庭土に植えても育ちます。ただし、環境に適しているのに生育が良くない場合は、土壌改良が必要になります。土が固過ぎる時は腐葉土やピートモスを広範囲に混ぜ込み、柔らかくします。逆に柔らか過ぎる土で多湿であれば、赤玉土や軽石（小粒）などを混ぜて、水はけを良くします。植えた植物がどのように育っていくのか、しっかりと観察して、土壌改良が必要なのかを見極めます。

庭植えで失敗を少なくする方法としては、市販の培養土を植える場所に入れて植え付ける方法があります。

◆ 宿根草は多肥を避ける

宿根草の生育サイクルは一年草ほど早くないので、多肥は避けます。肥料を与え過ぎると軟弱に育ち、持久力を失ってしまいます。

コンテナ栽培、庭植えともに、春や秋の成長期に少し与えるだけで十分です。夏冬は与えないようにします。ただし、痩せ地などで栄養が足りず、生育が遅い様子なら、緩効性の肥料を与えます。必要最低限の肥料で、植物自体に耐性を付けさせて、丈夫で健全な株作りを心掛けます。

◆ 水やりも必要最低限に

植物を枯らす原因の1つに水やりがあります。水やりを忘れて枯らすこともありますが、実は、水のやり過ぎで枯らすことが多いのです。もちろん水分は大切ですが、余計な水分は株を軟弱にして弱らせることになります。根はある程度乾いた時に伸びるので、植物を丈夫に育てるためには、根の「乾き」が必要です。

コンテナ栽培、庭植えともに、植え付け後2週間程度は、乾き具合を見ながら、2日に1回程度水やりします。

その後、コンテナ栽培は、「土が乾いてからたっぷり水やりする」が基本です。

庭植えは、場所になじんだ後は雨だけで十分で、丈夫に育っていれば、ほとんど水やりは不要です。ただし、強く乾燥する時季には、適度な水やりが必要な場合があります。また、長雨などで多湿になる場合は、草取りや葉の間引きなどで風通しを確保し、蒸れに注意します。

植物が水を欲しがっているかを判断するには、日常管理でその植物に触れて「固さ」を意識しておくと、触れた時の「柔らかさ」で水を欲しているかどうかが分かります。

水やりは、肥料と同じく、必要最低限が理想です。

〈 コンテナ栽培の水やり・施肥 〉

宿根草の植え方

お気に入りの宿根草を育ててみましょう。

◆ コンテナ栽培のポイント

コンテナ栽培の利点は、栽培環境や用土、管理方法などを人間が管理できることです。コンテナに植える時は、苗より1回り程度大きいものが良いでしょう。コンテナの材質にはいろいろなものがありますが、テラコッタやプラスチックなど植物用の一般的なものであれば、問題ありません。とはいえ、テラコッタは通気性が良く乾きやすい、プラスチックは軽くて壊れにくいが通気性は少ないなど、材質ごとの特性があります。

◆ 庭植えのポイント

庭植えの利点は、その植物本来のパフォーマンスが発揮できます。コンテナ栽培のように水やりの心配はほとんどありません。大切なのは、植えたい植物に適した環境に植えることです。環境に適していれば、ほぼ放任で育てられます。

◆ 高さをそろえるのがコツ

植え付けは、コンテナ栽培でも庭植えでも、入手した苗の鉢土の高さと植える土の高さをそろえ、浅植え、深植えにならないように気を付けます。

ほとんどの場合、植える時に根鉢を崩す必要はありません。宿根草は生育がゆっくりなため、せっかく伸びた根を切るのは、良いことではありません。ただし、古い苗などで根がびっしりと固まっている場合、植え付け後に根が固まったままになるのを防ぐために、底面の根をほぐしてから植え付けます。

◆ まずは植えてみる

宿根草は長命ですが花期が短いものが多いので、リレー式に四季折々花が咲くように考えて組み合わせると良いでしょう。一年草と組み合わせるのもおすすめです。多くの宿根草は移植で場所の移動ができるので、場所が合わなくてもやり直すことができます。気に入った宿根草を自由に植えて、経過を見守りましょう。

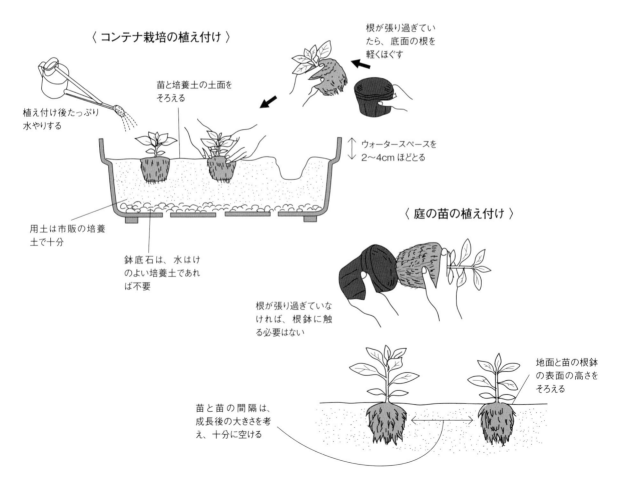

宿根草の剪定

剪定作業で宿根草をより奇麗に咲かせましょう。

◆ 剪定は大きく分けて3種類

宿根草の剪定は大きく分けて、草丈を抑え花数を増やす「事前の剪定（摘心）」、株の体力を温存させる「花後剪定（花がら摘み）」、翌年に備える「切り戻し（冬剪定）」があります。時期とコツさえ分かれば、難しくはありません。

◆ 剪定1：事前の剪定（摘心）

生育が早くよく伸び、花期に支柱を立てなければならない宿根草は、事前の剪定をすると草丈が安定して支柱が不要になり、花数が多くなります。

ただし、事前の剪定ができるのは、茎がよく伸びる種類に限ります。地面近くから花茎を伸ばすタイプの宿根草は、剪定すると花が咲かないことがあります。「葉の付く茎は切れるが、蕾の付く花茎は切れない」と覚えておきましょう。

具体的には、茎が立つタイプのシソ科の宿根草が適します。切るタイミングは花期のおよそ2ヵ月以上前です。さらに良く伸びるものはそれ以前に切り、開花までに2回以上剪定すると良いでしょう。

切る回数やタイミングは種類ごとに異なり、環境によっても差が出るので、実践しながら覚えます。おおよその剪定時期は毎年決まってきますので、切った時期のメモをとっておくと次の年にも役立ちます。

剪定は、節の少し上で切るように意識します。切った節から枝が分岐するので、茎の数が多くなり、低めにたくさん咲かせることができます。

◆ 剪定2：花後剪定

開花中から咲き終わり、冬に落葉するまでに剪定します。事前の剪定とは異なり、ほとんどの宿根草に対して行う作業です。

植物は開花からタネを付ける時が最も体力を使うので、ある程度咲き進んだら、タネを結ぶ前に花を摘み取ります。

また、花がらをこまめに切ると、花期をより長くすることができます。全体的に咲き終わったら、花茎ごと切り戻して、姿を整え、体力を温存させます。種類によっては株全体を短く切り戻します。

ただし、こぼれダネでの増殖を期待するなら、そのままタネを付けさせます。

◆ 剪定3：切り戻し（冬剪定）

冬になると多くの宿根草は落葉して地上部が冬枯れします。そのままだと見苦しく、枯れ葉や枯れ枝などが近隣の迷惑になるので、芽のところまで切り戻して春の芽吹きを待ちます。ただし、寒冷地などでは枯葉が防寒の役割を果たすことがあるので、これは芽吹く直前の早春まで放任にしてから切り戻すと良いでしょう。

〈 剪定1：摘心（事前の剪定）〉　　〈 剪定2：花後剪定（花がら摘み）〉

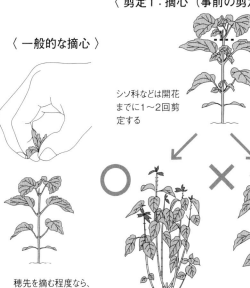

種類によって花の咲き方が異なるので注意する。花がらをこまめに摘むことで花期が長くなる

宿根草のふやし方

種類によりふやしやすいものと、ふやしにくいものがあります。

◆ 宿根草はタネではふやしにくいものが多い

宿根草の主なふやし方には、「株分け」「挿し木（芽）」「実生（タネまき）」があります。実生は、多くの宿根草はタネの発芽が難しく、実生は確実な方法ではありません（ただし、こぼれダネでふえる種類は実生でふやしやすい）。

◆ 簡単なのは株分け

株分けが最も確実で簡単な方法です。適期は株分け後に根がすぐに伸びる春や秋です。花が咲く直前のものは避け、春に咲くものは秋に、秋に咲くものは春に行うと良いです。根が伸びにくい真夏や真冬のような休眠期は避けます。

庭植えの株は、極力根を切らないように大きく掘り上げ、ハサミなどで根が均等に付くよう切り分けます。根が見えにくい場合は、水で洗い流してから確実に切り分けます。

もし、掘り上げの時に根をたくさん切るとか、株を細かく切り分け過ぎてしまった場合は、地上部の茎や葉も切り詰めてバランスを保ちます。根と地上部の大きさ、長さをおおよそ同じにするのが基本です。根が減れば、それだけ葉や茎に送られる水分量が減ってしまうわけですから、葉や茎の先端が枯れて株が傷みます。そうならないように、根が短くなってしまったら、葉や茎も短くする、という基本を覚えておきましょう。

宿根草は、株が古くなると勢いの衰えるものがあります。もし前年よりも株が小さくなるとか花が減った場合は、更新も兼ねて株分けします。

◆ 挿し木の適期は晩春か秋

木立性や枝が出る宿根草は、挿し木のできるものが多いです。剪定の「ついで」に挿しても良いです。

適期は気温が高すぎず低すぎない晩春か秋が適しています。挿し床は肥料分の入っていない赤玉土などで作りますが、市販の挿し木用土を使用するとより確実です。

挿し穂には、今年伸びた新しい茎を選びます。木質化した古い茎や花茎は発根しにくいので避けます。2節程度の長さに切り分け、葉が付いている場合はカットして減らします。さらに茎の下部を斜めにカットして挿します。管理は、強い日差しを避け、半日陰に置きます。発根したらポットなどに植え替えて養生します。

なお、発根しにくい宿根草はたくさん挿して、「少しでも苗が作れればOK」という感覚で行います。

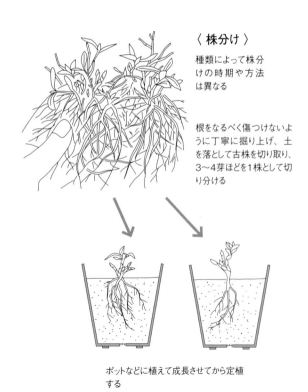

〈 株分け 〉
種類によって株分けの時期や方法は異なる

根をなるべく傷つけないように丁寧に掘り上げ、土を落として古株を切り取り、3〜4芽ほどを1株として切り分ける

ポットなどに植えて成長させてから定植する

〈 挿し木（芽） 〉
発根しやすいものとしにくいものがある

2節ほどで切って挿し穂とし、葉は半分ほど切る

新しい枝の充実した部分が良い

挿し床に挿し、根が出てきたらポットに植え替える

十分に成長したら定植する

クレマチスの剪定、誘引

花の女王クレマチスは系統が多岐にわたり、一年中楽しめます。

◆ クレマチスの枝の性質

クレマチスは、枝の性質により「旧枝咲き」「新枝咲き」「新旧両枝咲き」に分類され、主に冬の剪定が異なります。なお、多くの宿根草は肥料をあまり必要としませんが、クレマチスは比較的肥料を好みます。

◆ 旧枝咲きは弱剪定

旧枝咲きのクレマチスは前年に伸びた枝（旧枝）に翌年花が咲きます。冬は伸び過ぎた枝や充実した芽のない細枝を切る程度にして、なるべく枝を残します。ただし、木が古くなり、花付きが少なくなったとか、徒長した姿になった時は、半分以下に切り戻して姿を整えます。春から初夏の開花後に出る枝は、2節ほど残して切り、枝数を増やしておきます。四季咲きのものは繰り返し花を咲かせ、その後も弱剪定を繰り返します。

◆ 新枝咲きは強剪定

新枝咲きのクレマチスは、小輪系が多く、地際から伸びた新しい枝（新枝）の先端部分に、初夏に開花します。

春先から伸びる枝を、1週間に1、2回程度、構造物などに誘引します。花後すぐに切り戻し、また枝が伸びるごとに誘引します。環境と株の状態次第ですが、花後すぐに切り戻すことで年に2、3回返り咲きします。冬に地上部分が枯れたら、株元まで切り戻します。

◆ 新旧両枝咲きは少し複雑

新旧両枝咲きのクレマチスには中〜大輪系が多く、新枝咲きと旧枝咲きの両方の性質を併せ持ちます。多くは交配種で、品種によりどちらかの性質を強く受け継いでいます。

冬の剪定では、枝ごとに充実した芽の上で剪定します。枝が残る場合は誘引し、残らない場合は新枝咲きと同様にします。多くは、いずれも花後すぐの剪定で、二番花が得られます。もし冬の剪定で困ったら、全体を半分に切り戻すだけでも良いでしょう。

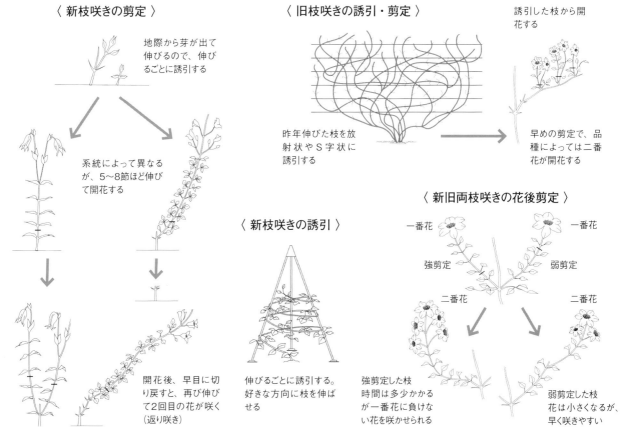

宿根草の入手先とおすすめガーデン

※2022年9月末現在

宿根草の入手先ガイド

宿根草の良い苗が購入できる、おすすめのお店です。

【 おぎはら植物園 上田店 】

4000品種を扱う日本一の宿根草ナーサリー。ネット通販も人気。
長野県上田市芳田1193
Tel: 0268-36-4074
http://www.ogis.co.jp
http://www.rakuten.co.jp/ogis/

【 ACID NATURE 乙庭 】

センスよくおしゃれなセレクトショップ。宿根草、樹木苗の取り揃え豊富。当面、ネット販売のみ。
http://garden0220.jp/

【 日野春ハーブガーデン 】

ハーブ苗を中心に、観賞用の苗も多数そろえる。ネット通販あり。
山梨県北杜市長坂町日野2910
Tel: 0551-32-2970
http://www.hinoharu.com/

【 花と植木の専門店 白州花壇 】

新種や珍種など個性的な品種も。造園設計・施工も行っている。
山梨県北杜市白州町白須1318
Tel: 0551-35-4220
http://www.hakusyu-kadan.com/

宿根草を使ったおすすめガーデンガイド

宿根草の使い方の参考になるガーデンです。各ガーデンの状況は、ホームページでご確認ください。

【 軽井沢レイクガーデン 】

バラと宿根草、そして水辺が織りなす美しい風景をもつガーデン。
長野県北佐久郡軽井沢町レイクニュータウン
Tel: 0267-48-1608
http://www.karuizawa-lakegarden.jp/

【 ラ・カスタ ナチュラル ヒーリング ガーデン 】

「植物の生命力と癒し」をコンセプトとした美と癒しの庭園。※見学は予約制
長野県大町市常盤9726-2
Tel: 0261-23-3911
http://www.alpenrose.co.jp/garden/

【 白馬コルチナ・イングリッシュガーデン 】

北アルプスの麓に広がる英国式シーズナルガーデン。
長野県北安曇郡小谷村千国乙12860-1
Tel: 0570-097-489
http://hakubacortina.jp/englishgarden/

【 夢ハーベスト農場 】

浅間山の麓の広大な土地にハーブやラベンダー、バラが栽培されている。
長野県小諸市八満2157-2
Tel: 0267-25-9255
http://yume-harvest.com/

【 ガーデンソイル 】

須坂市郊外にある、手作り感のあるコテージガーデン。
長野県須坂市野辺町581-1
Tel: 026-215-2080
http://soilgarden.exblog.jp/
https://www.facebook.com/gardensoilnagano

【 停車場ガーデン 】

小諸城址。いくつかの庭園と隣り合い、年間を通じて四季の花が楽しめる。
長野県小諸市相生町1丁目1-9
Tel: 0267-24-2525
http://www.t-garden.org/index.php

【 白馬五竜高山植物園 】

白馬五竜スキー場に併設。ヒマラヤの青いケシやコマクサなど見所が豊富。
長野県北安曇郡 白馬村神城22184-10
Tel: 0261-75-2101
http://www.hakubaescal.com/shokubutsuen/

【 平尾山公園 】

高速道路から直接アクセスできる「佐久平ハイウェイオアシス パラダ」の一部。
長野県佐久市下平尾2681
Tel: 0267-67-8100
https://www.city.saku.nagano.jp/shisetsu/undo_koen_hoyo/koen/saku/hiraoyama.html

【 萌木の村 】

八ヶ岳山麓に広がる山野草ガーデン。ショップやミュージアムが充実。
山梨県北杜市高根町清里3545
Tel: 0551-48-3522
https://www.moeginomura.co.jp/

【 キングスウェル 】

英国NGS公認の英国庭園に四季折々の花が咲く。コンサートホールとレストランを併設。
山梨県甲斐市下今井2446
Tel: 0551-20-0072
http://www.kingswell.co.jp/

【 みつけイングリッシュガーデン 】

英国園芸研究家のケイ山田氏が設計監修した本格的な英国式庭園。
新潟県見附市新幸町6-35
Tel: 0258-66-8832
http://www.city.mitsuke.niigata.jp/6355.htm

【 あしかがフラワーパーク 】

年間100万人が訪れる国内でも有数の花の公園。大藤が園内のシンボル。
栃木県足利市迫間町607
Tel: 0284-91-4939
https://www.ashikaga.co.jp/

【 エアリスの小さな森公園 】

アンディ&ウイリアムズ ボタニックガーデンを太田市が取得し再整備。
群馬県太田市新田市野井町459
Tel: 0276-32-6599
https://www.city.ota.gunma.jp/

【 横浜イングリッシュガーデン 】

1700種類のバラのほか、横浜の気候風土にあった草花や樹木が楽しめる。
神奈川県横浜市西区西平沼町6-1
Tel: 045-326-3670
http://www.y-eg.jp/

用語解説
glossary

図鑑に出てくる用語で分かりにくいものをピックアップしました。

一年草（いちねんそう）
一年草草本ともいう。発芽から一年以内に開花し、タネを作って枯死する植物。本来多年草でも、日本の気候で一年で枯死する植物を「一年草扱い」という。

F1（えふわん）
交配によって作られた新品種の第一世代目。その一世代に限って安定して特徴を現す。第二世代以降は特徴を表さないこともある。

園芸品種（えんげいひんしゅ）
観賞などを目的に、交配、選抜などで人為的に改良した植物。

返り咲き
一度開花した後、剪定などの後に再び開花すること。一年に何度も開花するものを「四季咲き」「繰り返し咲き」などという。

花茎（かけい）
ステムともいう。上部に花や花序を付ける枝。

株姿（かぶすがた）
植物が作り出す外形。植物により姿が異なり、特に魅力的な姿をもつ植物もある。類似の言葉に草姿樹形がある。

株分け（かぶわけ）
植物の繁殖方法の1つ。根や根茎を親株から分けて子株を作ること。根分けともいう。

切り戻し（きりもどし）
剪定方法のこと。植物は頂芽を優先的に伸ばす性質があるが、人為的に切り落とすことでわき芽が伸び、花数や葉がふえる。ピンチともいう。また、伸びすぎた枝や古い枝を切り、姿を整える時にも使われることがある。

群生（ぐんせい）
同じ種類の植物が一ヵ所に固まって生えていること。

原種（げんしゅ）
人間の手が加わっていない野生種。原種が改良されて園芸種が生まれる。

更新（こうしん）
古くなった株などを新しくすること。株分けや挿し木により新しい株を作ったり古株の根を切り、再度植えなおす方法。主に樹勢を復活させる目的で行う。

交配種（こうはいしゅ）
人為的に異なる種類を掛け合わせてできた新しい品種。

こぼれダネ
開花結実した植物がタネを放出し、自然に増殖すること。

在来種（ざいらいしゅ）
その国にもともと生息している動物や植物。

挿し木（さしき）
増殖方法の1つ。茎や枝を親株から切り取って土に挿して発根させて子株をふやす。

自生（じせい）
人の手が加わらず自力で生えている植物。

下草（したくさ）
樹木の足元や庭などの低い位置に植えてあるベースとなる植物。

徒長（とちょう）
光不足や窒素分の肥料過多などが原因で、茎がひょろひょろ伸びること。

実生（みしょう）
増殖方法の1つ。タネでふやすこと。

宿根草（しゅっこんそう）
複数年以上生存できる草本植物で、冬や夏に根などを残して地上部が枯れるもの。休眠期に地上部が枯れる多年草のことを園芸界では宿根草と呼ぶことが多い。

常緑（じょうりょく）
冬や夏などに一斉に落葉することがなく、通年一定以上の葉が付いている植物。

施肥（せひ）
植物に肥料を与えること。

全草（ぜんそう）
草花や草などの全体。主に葉、茎、花を指す。

剪定（せんてい）
植物の枝や茎を切ること。

耐寒性（たいかんせい）
寒さに対する耐性。または植物がどれだけの寒さに耐えられるかの尺度。

耐暑性（たいしょせい）
暑さに対する耐性。または植物がどれだけの暑さに耐えられるかの尺度。

多年草（たねんそう）
複数年以上生存できる草本植物を指す。

摘心（てきしん）
主に頂芽になる芽を摘んで、脇芽を活性化させる。

ナーサリー
園芸では、主に生産農家のこと。園芸店も含む場合がある。またはナーセリー。

二年草（にねんそう）
発芽から生育、開花、結実、枯死するまで年を越えるもの。

這い性（はいせい）
自立せず、地面を這うように生育する。ほふく性ともいう。

培養土（ばいようど）
鉢やコンテナで植物を育てる時の土。複数の単用土を混ぜ合わせた園芸用の用土。

播種（はしゅ）
タネまきすること。

花がら摘み（はながらつみ）
見頃の終わった花を切除すること。花がら切り（はながらきり）ともいう。

葉焼け（はやけ）
植物の葉が強い日差しや乾燥によって傷むこと。

斑（ふ）
主に葉に模様が入ること。花や実、茎の模様も含む。

腐葉土（ふようど）
落ち葉を集積して腐らせた土。土壌改良材などに使用する。

ピートモス
土壌改良材。ミズゴケなどのコケ類が、長い間蓄積してできた泥炭（ピート）。

マルチング
植物の生えた土面などをワラやバーク、腐葉土などで覆うこと。保温、保水、日除けなどを目的として行う。

決定版 四季の宿根草図鑑 宿根草索引

※太字が項目名、細字は別名などです。

あ

- アイボリーベルズ … 044
- アオイゴケ … 120
- アオイロフジバカマ … 101
- 青花ホタルブクロ … 045
- アカスジソレル … 119
- アガスターシェ'ゴールデン ジュビリー' … 059
- アガスターシェ'ブラック アダー' … 059
- アガスターシェ'ボレロ' … 059
- アガパンサス … 096
- アガパンサス'シルバー ムーン' … 096
- アガパンサス'フローレ プレノ' … 096
- アカンサス'ホワイトウォーター' … 051
- アカンサス モリス … 051
- アキレア'テラコッタ' … 043
- アキレア'ノブレッサ' … 043
- アキレア'ピーチ セダクション' … 043
- アキレア ミレフォリウム … 043
- アークトチス グランディス … 023
- アークトチス'バーガンディ' … 023
- アグロステンマ ギダゴ … 065
- アケボノフウロ … 072
- アサギリソウ … 115
- アジュガ'キャトリンズ ジャイアント' … 061
- アジュガ'チョコレート チップ' … 061
- アジュガ'バーガンディ グロー' … 061
- アジュガ レプタンス … 061
- アスチルベ'ヴァイセ グロリア' … 079
- アスチルベ'カプチーノ' … 079
- アスチルベ'ショースター' … 079
- アスチルベ'チョコレート ショーグン' … 079
- アスチルベ'ピーチ ブロッサム' … 079
- アスチルベ'ファナル' … 079
- アスチルベ'レッド チャーム' … 079
- アストランティア'スノースター' … 062
- アストランティア'フローレンス' … 062
- アストランティア'ベニス' … 062
- アストランティア'ローマ' … 062
- アズールブルーセージ … 103
- アーティチョーク … 043
- アネモネ カナデンシス … 051
- アネモネ シルベストリス … 051
- アネモネ フルゲンス … 014
- アフリカンリリー … 096
- アマドコロ 斑入り … 115
- アラリア'サンキング' … 119
- アリウム ギガンチューム … 031
- アリウム'グレイスフル' … 031
- アリウム チャイブ … 031
- アリウム ホワイトジャイアント … 031
- アリウム モーリー … 031
- アリッサム'サミット' … 013
- アルケミラ モリス … 034
- アルセア ルゴサ … 085
- アルメリア マリティマ … 013
- アレナリア モンタナ … 015
- アンチューサ アズレア … 074

い

- イエニレ … 011
- イエロールーズストライフ … 055
- イシブキ … 115
- イトバチョウジソウ … 024
- イトバハルシャギク … 091
- イヌワラビ … 121
- イブキジャコウソウ(伊吹麝香草) … 027
- イブキトラノオ … 065
- イベリス'ゴールデン キャンディ' … 013
- イベリス センパービレンス … 013
- イベリス'ピンク アイズ' … 013
- イワデ … 121
- イワミツバ … 118
- イワヤツデ … 012

う

- ウスベニアオイ(薄紅葵) … 036
- ウッドアネモネ … 051
- ウラハグサ … 126

え

- エキナセア'アルバ' … 086
- エキナセア'イレシスティブル' … 087
- エキナセア'エキセントリック' … 087
- エキナセア'オレンジ パッション' … 086
- エキナセア'クーペ ソレイユ' … 087
- エキナセア'グリーン エンビー' … 086
- エキナセア'グリーン ジュエル' … 087
- エキナセア'ココナッツ ライム' … 086
- エキナセア'サマー サルサ' … 087
- エキナセア'ストロベリー ショートケーキ' … 087
- エキナセア'バージン' … 086
- エキナセア パープレア … 085
- エキナセア'ハーベスト ムーン' … 086
- エキナセア パラドクサ … 086
- エキナセア'ピッコリーノ' … 087
- エキナセア'ピンク ダブル デライト' … 087
- エキナセア'ファタル アトラクション' … 086
- エキナセア'フラダンサー' … 086
- エキナセア'ホット サマー' … 086
- エキナセア'ホット パパイヤ' … 086
- エキノプス'スター フロスト' … 088
- エキノプス'ブルー グロー' … 088
- エクボソウ … 043
- エゴポディウム'バリエガータ' … 118
- エドムラサキ … 047
- エノテラ スペシオサ … 035
- エリゲロン'アズール フェアリー' … 046
- エリゲロン オーランティアカス … 046
- エリゲロン カルビンスキアヌス … 046
- エリンジューム'ネプチューン ゴールド' … 063
- エリンジューム'ビッグ ブルー' … 063
- エリンジューム プラナム … 063
- エリンジューム'ミス ウィルモッツ ゴースト' … 063
- エロディウム マネスカヴィ … 074

お

- オウゴンアサギリソウ … 115
- オオイワウチワ … 017
- オオバジャノヒゲ … 115
- オオヒエンソウ … 052
- オオマツユキソウ … 012
- オオミスミソウ … 014
- オオムラサキツユクサ … 065
- オカトラノオ … 092
- オキシペタラム'ブルー スター' … 041
- オダマキ アルピナ … 025
- オダマキ ヴィリディフロラ … 025
- オダマキ'ウインキー レッドホワイト' … 025
- オダマキ'グリーン アップルズ' … 025
- オダマキ'コルベット' … 025
- オダマキ'ピンク ペチコート' … 025
- オダマキ'ピンク ランタン' … 025
- オダマキ'ブラック バロー' … 025
- オダマキ'ローズ バロー' … 025
- オータムセージ … 056
- オドリコソウ … 027
- オニゲシ … 024
- オニサルビア … 058
- オニブキ … 116
- オミナエシ(女郎花) … 100
- オムファロデス'アルバ' … 016
- オムファロデス'スターリー アイズ' … 016
- オムファロデス'チェリー イングラム' … 016
- オリエンタルポピー'カルネウム' … 024
- オリエンタルポピー'ロイヤル ウエディング' … 024

オルラヤ グランデフロラ …………… 064
オレガノ 'ケント ビューティ' ………… 094
オレガノ 'ノートンズ ゴールド' ……… 118
オレガノ ロツンデフォリウム ………… 094
オレンジクリンソウ …………………… 055
オレンジデージー ……………………… 046

か

ガイラルディア 'プルーム' …………… 083
カウスリップ …………………………… 014
ガウラ 'サマー エモーション' ………… 037
ガウラ 'シスキュー ピンク' …………… 037
ガウラ 'ソー ホワイト' ………………… 037
ガウラ 'フェアリーズ ソング' ………… 037
ガウラ 'ペインズ フェアリー' ………… 037
カクトラノオ …………………………… 092
カッコウセンノウ ……………………… 029
カーニバル プリムローズ …………… 014
カラマツソウ …………………………… 091
カラミンサ ……………………………… 094
カラミンサ 'バリエガータ' …………… 118
カラミント ……………………………… 094
カリホー ………………………………… 035
カレックス 'ブロンズ カール' ………… 127
ガンジツソウ …………………………… 011
カンナ 'ベンガル タイガー' …………… 114
カンパニュラ アリアリフォリア ……… 044
カンパニュラ グロメラータ …………… 044
カンパニュラ 'サラストロ' …………… 045
カンパニュラ パーシフォリア ………… 044
カンパニュラ パーシフォリア 'アルバ' … 044
カンパニュラ ラクチフロラ …………… 045
カンパニュラ ラプンクロイデス ……… 044
カンパニュラ ロツンディフォリア …… 045

き

キキョウ（桔梗） ……………………… 083
キクイモモドキ ………………………… 090
キツネのテブクロ ……………………… 019
黄花アリッサム ………………………… 013
キバナルリソウ ………………………… 076
キブネギク ……………………………… 101
ギボウシ 'アトランティス' …………… 123
ギボウシ 'ゴールデン ティアラ' ……… 123
ギボウシ 'サガエ' ……………………… 122
ギボウシ 'サム アンド サブスタンス' … 122
ギボウシ 'ジューン' …………………… 122
ギボウシ 'パトリオット' ……………… 123
ギボウシ 'ハルション' ………………… 123
ギボウシ 'ファイヤー ＆ アイス' …… 122
ギボウシ 'フランシス ウイリアムズ' … 123
ギボウシ 'プレイング ハンズ' ………… 122

ギボウシ 'リーガル スプレンダー' …… 123
キャットミント 'ウォーカーズ ロウ' … 060
キャットミント 'ライム ライト' ……… 060
キャンディタフト ……………………… 013
キリンギク ……………………………… 050
ギレニア トリフォリアタ ……………… 068
ギレニア 'ピンク プロフュージョン' … 068
ギンシンソウ …………………………… 126
ギンパイソウ（銀盃草） ……………… 065
ギンバカゲロウソウ …………………… 023

く

クガイソウ 'ファシネーション' ……… 083
クジャクアスター ……………………… 100
クジャクシダ（孔雀羊歯） …………… 120
クナウティア アルペンシス …………… 074
クナウティア 'マース ミジェット' …… 074
クラウンベッチ ………………………… 034
クラリーセージ ………………………… 058
クリスマスローズ ニゲル ……………… 010
クリスマスローズ ハイブリダス ……… 010
クリーピングマズス …………………… 026
クリンソウ（九輪草） ………………… 026
クレベラントセージ …………………… 056
クレマチス インテグリフォリア '花島' … 110
クレマチス インテグリフォリア 'ヘンダーソニー' … 110
クレマチス 'H・F ヤング' …………… 109
クレマチス 'エトワール バイオレット' … 112
クレマチス 'ジョセフィーヌ' ………… 109
クレマチス 白万重 …………………… 107
クレマチス 'ダッチェス オブ エジンバラ … 109
クレマチス タングチカ ………………… 111
クレマチス チサネンシス 'レモンベル' … 106
クレマチス テキセンシス 'スカーレット' … 111
クレマチス 'ドクターラッペル' ……… 109
クレマチス バーシカラー ……………… 111
クレマチス 'プリンセス ケイト' ……… 111
クレマチス 'プリンセス ダイアナ' …… 111
クレマチス 'プリンス チャールズ' …… 112
クレマチス フロリダ 'ビエネッタ' …… 107
クレマチス 'ベル オブ ウォーキング' … 109
クレマチス マクロペタラ 'ウェッセルトン' … 106
クレマチス モンタナ 'スターライト' … 108
クレマチス モンタナ ルーベンス ……… 108
クレマチス 'ユーリ' …………………… 110
クレマチス 'ロウグチ' ………………… 110
クレマチス 'ロマンチカ' ……………… 110
クローバー 'ウイリアム' ……………… 120
クロバナフウロ ………………………… 071
クローバー 'パープレッセンス クアドリフォリウム' … 120
グンネラ マニカタ …………………… 116

け

ゲウム 'バナナ ダイキリ' ……………… 068
ゲウム 'マイタイ' ……………………… 068
ゲウム リバレ ………………………… 068
ケマンソウ ……………………………… 026
ゲラニウム エンドレッシー …………… 070
ゲラニウム オクソニアナム 'クラリッジ ドリューズ' … 071
ゲラニウム オクソニアナム 'シアウッド' … 071
ゲラニウム サンギネウム 'アルバム' … 072
ゲラニウム サンギネウム 'エルク' …… 072
ゲラニウム サンギネウム ストリアタム … 072
ゲラニウム サンギネウム 'ナヌム' …… 072
ゲラニウム 'ジョンソンズ ブルー' …… 070
ゲラニウム 'シラク' …………………… 070
ゲラニウム 'スイート ハイジ' ………… 073
ゲラニウム ピレナイカム 'サマー スノー' … 071
ゲラニウム ピレナイカム 'ビル ウォーリス' … 071
ゲラニウム 'ピンク ペニー' …………… 073
ゲラニウム ファエウム ………………… 071
ゲラニウム ファエウム 'アルバム' …… 071
ゲラニウム 'フィリップ バッペル' …… 072
ゲラニウム プラテンセ ………………… 072
ゲラニウム プラテンセ 'スプリッシュ スプラッシュ' … 072
ゲラニウム プラテンセ 'ダブル ジュエル' … 072
ゲラニウム 'ブルー サンライズ' ……… 073
ゲラニウム マキュラタム 'エスプレッソ' … 070
ゲラニウム マグニフィカム …………… 072
ゲラニウム マクロリズム ……………… 070
ゲラニウム 'ライラック アイス' ……… 073
ゲラニウム レナルディ ………………… 070
ゲラニウム 'ロザンネ' ………………… 073
ケロネ リオニー ……………………… 082
原種シクラメン コウム ………………… 011
原種シクラメン コウム 'アルバム' …… 011
原種シクラメン ヘデリフォリウム …… 102
原種シクラメン ヘデリフォリウム 'アルバム' … 102
ゲンチアンセージ ……………………… 056
源平小菊 ………………………………… 046

こ

黄河 ……………………………………… 015
コウヤカミツレ ………………………… 046
コウラン ………………………………… 033
コーカサスジャーマンダー …………… 061
コーカサスマツムシソウ ……………… 033
コクリュウ ……………………………… 115
コツラ ヒスピダ ……………………… 023
コバルトセージ ………………………… 103
コモンセージ …………………………… 056
コモンベトニー ………………………… 062
コモンマロウ …………………………… 036
コモンヤロウ …………………………… 043

139

名前	ページ
コランバイン	025
ゴールデンセージ	117
ゴールデンマジョラム	118
コレオプシス　バーチキリアタ	091
コロニラ バリア	034
コンペキソウ	032

さ

名前	ページ
サギゴケ	026
サクシセラ'フロステッド パールズ'	098
サクラソウ（桜草）	015
サクラナデシコ	030
サポナリア オキモイデス	029
サポナリア'スノー チップ'	029
サマーラベンダー	093
サラシナショウマ	091
サルビア アズレア	103
サルビア'インディゴ スパイヤー'	093
サルビア インボルクラタ	103
サルビア ウルギノーサ	093
サルビア エレガンス	103
サルビア エレガンス'ゴールデン デリシャス'	103
サルビア オフィシナリス	056
サルビア ガラニチカ	093
サルビア グレッギー	056
サルビア クレベランディ	056
サルビア スクラレア	058
サルビア スクラレア'バチカン ホワイト'	058
サルビア シナロエンシス	092
サルビア チャマエドリオイデス	056
サルビア ネモローサ	057
サルビア ネモローサ'カラドンナ'	057
サルビア ネモローサ'シュベレンバーグ'	057
サルビア ネモローサ'スノーヒル'	057
サルビア ネモローサ'ローゼンウェイン'	057
サルビア パテンス	056
サルビア プラテンシス'スイート エスメラルダ'	058
サルビア プラテンシス'スカイ ダンス'	058
サルビア プラテンシス'スワン レイク'	058
サルビア プラテンシス'トワイライト セレナーデ'	058
サルビア プラテンシス'メイドリーン'	058
サルビア マドレンシス	104
サルビア ミクロフィラ'ホット リップス'	056
サルビア レウカンサ	104
三尺バーベナ	053

し

名前	ページ
シオン	100
ジギタリス'アプリコット'	020
ジギタリス オブスクラ	020
ジギタリス'カメロット ラベンダー'	019
ジギタリス'カメロット ローズ'	019
ジギタリス'シルバーフォックス'	020
ジギタリス'スノー シンブル'	020
ジギタリス パービフロラ	021
ジギタリス パープレア	019
ジギタリス'パムズ スプリット'	020
ジギタリス'ポルカドット ピッパ'	021
ジギタリス'ポルカドット ポリー'	021
ジギタリス メルトネンシス	020
ジギタリス ラナタ	021
ジギタリス'レッドスキン'	021
シクラメン→原種シクラメン	
シシリンチューム'アイダホ スノー'	022
シシリンチューム'カリフォルニア スカイ'	022
シシリンチューム ストリアタム	022
シダルセア'ビアンカ'	022
シダルセア'リトル プリンセス'	022
シナロア セージ	093
シベリアン ブグロス	017
シマススキ（縞薄）	125
シミシフーガ'クイーン オブ シバ'	102
シミシフーガ'ブルネット'	091
シミシフーガ'ホワイト パール'	102
ジャイアントオニオン	031
シャク	063
シャクヤク（芍薬）	033
シャクヤク'牡丹競'	033
シャクヤク'花筏'	033
シャクヤク'玉貌'	033
ジャコウアオイ（麝香葵）	036
ジャーマンダーセージ	056
シュウメイギク（秋明菊）	101
シュウメイギク'ハドスペン アバンダンス'	101
宿根アスター	100
宿根アマ	018
宿根アマ'アルバ'	018
ジョージアブルー	011
シラタマソウ	066
シラン（紫蘭）	033
シルバームレイン	054
シレネ ガリカ クインクエベルネラ	066
シレネ'スワン レイク'	066
シレネ'ファイヤーフライ'	066
シレネ ブルガリス	066
シレネ ユニフロラ	066
シレネ ユニフロラ'ドレッツ バリエガータ'	066
シロガネヨシ	125
白花イブキジャコウソウ	027
白花タイツリソウ	026

す

名前	ページ
スイセンノウ	067
スカビオサ'エース オブ スペード'	075
スカビオサ コルンバリア ナナ	075
スカビオサ'スノー メイデン'	075
スカビオサ'ドラム スティック'	075
スカビオサ'パーフェクタ'	033
スカビオサ'ピンクッションピンク'	075
スカビオサ'ボジョレー ボンネット'	075
スカビオサ'ホワイト クイーン'	033
スカビオサ'ムーン ダンス'	075
ススキ'ゴールド バー'	125
スタキス モニエリ	062
ストケシア	047
スノードロップ	012
スノードロップアネモネ	051
スパイクグラス	127
スパージ	028

せ

名前	ページ
セイヨウオキナグサ	013
セイヨウオダマキ	025
セイヨウジュウニヒトエ	061
セイヨウトラノオ	039
セイヨウナツユキソウ	098
セイヨウノコギリソウ	043
セダム'オータム ジョイ'	099
セダム'シトラス ツイスト'	099
セダム'ストロベリー&クリーム'	099
セダム'ゼノックス'	099
セダム'フロスティ モーン'	099
雪中花	012
セツブンソウ（節分草）	011
セネシオ ポリオドン	047
セラスチウム	027
セリンセ　マヨール'パープラセンス'	076
セントランサス ルブラ	042
セントランサス ルブラ'スノークラウド'	042
セントーレア ギムノカルパ	049
セントーレア シアヌス	049
セントーレア シアヌス'ブラック ボール'	049
セントーレア デルバータ	048
セントーレア'ブラック スプライト'	048
セントーレア'マジック シルバー'	049
セントーレア モンタナ	048
セントーレア モンタナ'アルバ'	048

た

名前	ページ
ダイアンサス'アークティック ファイヤー'	030
ダイアンサス クルエンタス	030
ダイアンサス'ソーティー'	030
ダイアンサス テマリソウ	030
ダイアンサス ナッピー	030
ダイコンソウ	068
タイツリソウ（鯛釣草）	026
タイツリソウ'ゴールド ハート'	026

タイツリソウ'バレンタイン' ……… 026	トリカラーセージ ……… 117	ハニーバーム ……… 061
タイマツバナ ……… 095	トリトマ ……… 094	ハニーワーツ ……… 076
タイム'ハイランド クリーム' ……… 118	トロリウス'ゴールデン クイーン' ……… 052	バーバスカム'ウエディング キャンドルズ' ……… 054
ダイヤーズ カモミール ……… 046	トロリウス'チェダー' ……… 052	バーバスカム'サザン チャーム' ……… 054
ダウカス'ダラ' ……… 063	トロリウス ヨーロパエウス ……… 052	バーバスカム'ビオレッタ' ……… 054
タチアオイ ……… 084	ドワーフデイジー ……… 024	バーバスカム'フラッシュ オブ ホワイト' ……… 054
タツタナデシコ（龍田撫子） ……… 030		バーバスカム'ポーラー サマー' ……… 054
タナセタム'ジャックポット' ……… 023	**な**	バーバスカム'ロゼッタ' ……… 054
ダブルフラワーカモミール ……… 046		バプティシア'アルバ' ……… 076
ダブルプリムローズ ……… 015	ナイガー ……… 010	バプティシア オーストラリス ……… 076
ダブルプリムローズ'クエカーズ ボンネット' ……… 015	ナツユキソウ ……… 027	バプティシア プラクテアタ ……… 076
ダブルプリムローズ'サンシャイン スージー' ……… 015	ナナカイソウ ……… 026	パープルエルサレムセージ ……… 059
ダブルプリムローズ'ドーン アンセル' ……… 015		パープルセージ ……… 117
タマシャジン ……… 022	**に**	パープルムレイン ……… 054
ダリア'黒蝶' ……… 047		バーベイン ……… 053
ダリア'ミッドナイト ムーン' ……… 047	ニガー ……… 010	バーベナ ハスタータ'ピンク スパイヤー' ……… 053
タリクトラム デラバイ ……… 091	ニシキシダ'ゴースト' ……… 121	バーベナ ハスタータ'ブルー スパイヤー' ……… 053
タリクトラム デラバイ'アルバ' ……… 091	ニホンサクラソウ ……… 015	バーベナ ハスタータ'ホワイト スパイヤー' ……… 053
タンジー ジャックポット ……… 023	ニホンズイセン（日本水仙） ……… 012	バーベナ ボナリエンシス ……… 053
タンチョウソウ ……… 012	ニューサイラン ……… 116	バーベナ ボナリエンシス'ロリポップ' ……… 053
	ニワゼキショウ ……… 022	ハマカンザシ ……… 013
ち		バリア ……… 034
	ね	ハンショウヅル（半鐘蔓） ……… 107
チェリーセージ ……… 056		パンパスグラス ……… 125
チャイニーズピオニー ……… 033	ネクタロスコルダム シクラム ……… 031	
チョウジソウ ……… 024	ネーブルシード ……… 016	**ひ**
チョウセンアザミ ……… 043	ネペタ'ピンク ドリームス' ……… 060	
	ネペタ'ブルー ドリームス' ……… 060	ヒエンソウ ……… 052
つ		ビオラ ラブラドリカ ……… 012
	の	ヒマラヤユキノシタ ……… 017
ツボサンゴ ……… 077		ヒマラヤユキノシタ'ドラゴンフライ サクラ' ……… 017
ツリガネヤナギ ……… 041	ノハラフウロ ……… 072	ヒマラヤユキノシタ'ブレッシングハム ホワイト' ……… 017
ツルオドリコソウ ……… 027	ノボリフジ（昇藤） ……… 034	ヒメワリ ……… 090
ツルニチニチソウ ……… 116	ノラニンジン ……… 063	ヒャクリコウ ……… 027
ツルハナシノブ ……… 016		ヒューケラ'キャラメル' ……… 124
ツワブキ ……… 115	**は**	ヒューケラ'ジョージア ピーチ' ……… 124
		ヒューケラ'パレス パープル' ……… 124
て	ハアザミ ……… 051	ヒューケラ'フォーエバー パープル' ……… 124
	ハイアオイ ……… 035	ヒューケラ'シルバー スクロール' ……… 124
ティアレラ'スプリング シンフォニー' ……… 077	パイナップルセージ ……… 103	ヒューケラ'ベルベット ナイト' ……… 124
テイカカズラ ……… 116	ハイブリッドジギタリス'イルミネーション ピンク' ……… 021	ヒューケラ'ライム リッキー' ……… 124
ディコンドラ'エメラルド フォールズ' ……… 120	ハイブリッドジギタリス'イルミネーション ラズベリー' ……… 021	ヒューケレラ'ブリジット ブルーム' ……… 077
ディコンドラ セリセア ……… 120	ハクサンヨモギ ……… 115	ヒルザキツキミソウ ……… 035
デイリリー ……… 078	ハクチョウソウ ……… 037	ビンカ マヨール'バリエガータ' ……… 116
テウクリウム ヒルカニカム ……… 061	ハクトウソウ ……… 013	ビンカ マヨール'ワジョージェム' ……… 116
デルフィニウム エラータム系 ……… 052	ハゴロモギク ……… 023	ピンクダスティミラー ……… 049
デルフィニウム シネンセ系 ……… 052	ハタザオキキョウ ……… 044	ピンクラグワート ……… 047
	ハツユキカズラ ……… 116	
と	ハナアオイ ……… 082	**ふ**
	ハナカンナ ……… 114	
トウテイラン（洞底藍） ……… 101	ハナクルマバソウ ……… 018	ファイヤーウィード ……… 035
トーチリリー ……… 094	ハナネギ ……… 031	ファンキア ……… 122
トード リリー ……… 104	パニカム'チョコラータ' ……… 127	フィソステギア'クリスタルピーク ホワイト' ……… 092
トラディスカンティア'スイート ケイト' ……… 065	パニカム'プレーリー スカイ' ……… 127	フィソステギア'バリエガータ' ……… 092

141

フィティウマ 022	ベニシダ（紅羊歯） 114	ポピーマロウ 035
斑入りセイヨウダンチク 126	ベニセタム'カーリー ローズ' 127	ホリーホック 084
フィリペンデュラ'レッド アンブレラ' 098	ベビーセージ 056	ホリーホック'シャモイス ローズ' 084
斑入りヤブラン 091	ベビリアンデージー 024	ホリーホック'チェストナット ブラウン' 084
フウチソウ（風知草） 126	ヘメロカリス 078	ホリーホック'チャターズ イエロー' 084
フウリンダイコンソウ 068	ヘメロカリス'カスタード キャンディ' 078	ホリーホック'チャターズ ピンク' 085
フェスツカ グラウカ 126	ヘメロカリス'シカゴ アパッチ' 078	ホリーホック'チャターズ ホワイト' 085
フォゲットミーノット 017	ヘメロカリス'ジャニス ブラウン' 078	ホリーホック'チャターズ レッド' 084
フォックスグローブ 019	ヘメロカリス'チェリー バレンタイン' 078	ホリーホック ニグラ 085
フォプシス スティローサ 018	ヘメロカリス'ブラックベリー キャンディ' 078	ホルデューム ジュバタム 125
フクジュソウ（福寿草） 011	ヘメロカリス'ベラ ルゴシ' 078	ポレモニウム'アプリコット デライト' 067
フジバカマ（藤袴） 100	ペラルゴニウム シドイデス 074	ポレモニウム'パープル レイン' 067
ブラッドカーネーション 030	ヘリオプシス'サマー サン' 090	ホワイトカップ 065
プラティア アングラータ 043	ヘリオプシス'サマー ナイト' 090	ホワイトキャンピオン 066
プリムラ'アップル ブロッサム' 026	ヘリオプシス'ローレン サンシャイン' 090	ホワイトセージ 117
プリムラ カピタータ モーレアナ 055	ベルガモット 095	
プリムラ ブルガリス 014	ペルシカリア'ゴールデン アロー' 096	**ま**
プリムラ ブレヤナ 055	ペルシカリア'ファット ドミノ' 096	マウンテンデージー 015
プリムラ ベリス 014	ペルシカリア'ホーエ タトラ' 065	マルバストラム ラテリティウム 035
プリムラ ベリス'サンセットシェード' 014	ペルシカリア'レッド ドラゴン' 119	マルバ'ブルー ファウンテン' 036
プリムローズ 014	ペレニアル フラックス 018	マンテマ 066
ブルースター 024	ヘレニウム'オータム ロリポップ' 088	
ブルネラ'キングス ランサム' 017	ヘレニウム'ルビー チューズデイ' 088	**み**
ブルネラ'グリーン ゴールド' 017	ヘレニウム'ロイスダー ウィック' 088	ミストフラワー 101
ブルネラ マクロフィラ 017	ベロニカ'アズテック ゴールド' 114	ミソハギ 098
ブルネラ'ミスターモース' 017	ベロニカ'ウルスター ブルー ドワーフ' 039	ミツバシモツケ 068
ブルネラ'ルッキング グラス' 017	ベロニカ'オックスフォード ブルー' 011	ミニホリホック 022
プルモナリア'E.B. アンダーソン' 016	ベロニカ'クレーター レイク ブルー' 038	**ミヤコワスレ（都忘れ） 023**
プルモナリア'ダイアナ クレア' 016	ベロニカ'ミッフィー ブルート' 114	ミヤマヨメナ 023
プルモナリア'ブルー エンサイン' 016	ベロニカ'レッド フォックス' 039	ミューレンベルギア カピラリス 126
フロックス'クレオパトラ' 097	ベロニカ ロンギフォリア 039	ミルキーベルフラワー 045
フロックス'ジェイド' 097	ベロニカ ロンギフォリア'アルバ' 039	ミルクチョコレート 127
フロックス'スター ファイヤー' 097	ベロニカ ロンギフォリア'シャーロット' 039	ミルテルスパージ 119
フロックス ストロニフェラ シアウッド パープル 016	ベロニカ ロンギフォリア'ピンク シェード' 039	
フロックス'ツイスター' 097	ペンステモン'エレクトリック ブルー' 040	**む**
フロックス パニキュラータ 097	ペンステモン グランディフロラス 041	ムギセンノウ 065
フロックス'ビルベーカー' 032	ペンステモン スモーリー 041	ムスクマロウ 036
フロックス ピロサ 032	ペンステモン'ハスカーレッド' 040	ムスクマロウ'アップル ブロッサム' 036
フロックス'ピンキー ヒル' 097	ペンステモン バルバッス 040	ムスクマロウ'アルバ' 036
フロックス'ブルー パヒューム' 032	ペンステモン'ブラックバード' 041	ムラサキウンラン 042
フロックス'ブルー パラダイス' 097		ムラサキクンシラン 096
フロックス'ホワイト パヒューム' 032	**ほ**	ムラサキセンダイハギ（紫先代萩） 076
フロックス'ムーディ ブルー' 032	ホウライシダ 120	紫葉スミレ 012
フロックス'モントローザ トリカラー' 032	ホスタ 122	ムラサキバレンギク 085
フロックス'レッド フィーリングス' 097	ホタルナデシコ 030	ムラサキベンケイソウ 099
フロミス サミア 059	ボッグセージ 093	ムラサキミツバ（紫三つ葉） 119
フロミス チューベローサ 059	ホテイマンテマ 066	
フロミス パープレア 059	ポテンティラ カラブラ 069	**め**
フロミス ルッセリアナ 059	ポテンティラ クランジー 069	メキシカンセージ 104
	ポテンティラ'ヘレン ジェーン' 069	メキシカンハット 050
へ	ポテンティラ レクタ'アルバ' 069	
ヘアーベル 045	ホトトギス 104	
ベニカノコソウ 042	ポピー'フローレプレノ' 024	

メドースイート … 098	ラミウム'ビーコン シルバー' … 027	**ろ**
メドースイート'オーレア' … 098	ラムズイヤー … 062	ロシアンセージ … 093
メドースイート'バリエガータ' … 098	ラングワート … 016	ローズリーフセージ … 103
メドースイート'フローレプレノ' … 098		ロータス'ブリムストーン' … 121
メドーセージ … 058	**り**	ロックソープワート … 029
メリテス メリッソフィルム … 061	リアトリス'ゴブリン' … 050	ロベリア スペシオサ … 083
	リクニス コロナリア … 067	ローマンカモミール'フローレ プレノ' … 046
も	リクニス コロナリア'アルバ' … 067	
モナルダ'アルバ' … 095	リクニス コロナリア'エンジェルス ブラッシュ' … 067	**わ**
モナルダ'エルシス ラベンダー' … 095	リクニス コロナリア'ガーデナーズ ワールド' … 067	ワイルドオーツ … 127
モナルダ ディディマ … 095	リクニス'ジェニー' … 029	ワイルドストロベリー'ゴールデン アレキサンドリア' … 120
モナルダ'パープル ルースター' … 095	リクニス フロスククリ … 029	ワイルドチャービル'レイヴァンズ ウィング' … 063
モモバキキョウ … 044	リクニス'ホワイト ロビン' … 029	ワスレナグサ（勿忘草）… 017
	リグラリア'ブリットマリー クロウフォード' … 090	ワタチョロギ … 062
や	リグラリア プルツェワルスキー … 090	
薬用サルビア … 056	リシマキア アトロパープレア … 055	
ヤグルマギク … 049	リシマキア エフェメルム … 092	
ヤグルマソウ … 078	リシマキア ヌムラリア'オーレア' … 117	
ヤグルマソウ'チョコレート ウイング' … 078	リシマキア'ファイヤー クラッカー' … 092	
ヤシオネ ラエヴィス … 042	リシマキア プンクタータ … 055	
ヤツシロソウ … 044	リシマキア ボジョレー … 055	
ヤナギチョウジ … 040	リシマキア'ミッドナイト サン' … 117	
ヤナギラン（柳蘭）… 035	リナム … 018	
ヤマヤグルマギク … 048	リナリア'アルバ' … 042	
	リナリア'キャノン ジェイ ウェント' … 042	
ゆ	リナリア パープレア … 042	
ユウゼンギク … 100	リグラリア'ブリットマリー クロウフォード' … 090	
雪のしずく … 012	リグラリア プルツェワルスキー … 090	
ユキワリソウ（雪割草）… 014	リリオペ'バリエガータ' … 091	
ユーパトリウム セレスチナム … 101		
ユーパトリウム'チョコレート' … 101	**る**	
ユーフォルビア'アスコット レインボー' … 028	ルドベキア'グリーン ウィザード' … 089	
ユーフォルビア ウルフェニー … 028	ルドベキア'タカオ' … 089	
ユーフォルビア'カメレオン' … 028	ルドベキア'チェリー ブランデー' … 089	
ユーフォルビア'パープレア' … 028	ルドベキア'ヘンリー アイラーズ' … 089	
ユーフォルビア'ファイヤー グロウ' … 028	ルドベキア マキシマ … 089	
ユーフォルビア'ブラック バード' … 028	ルピナス … 034	
ユーフォルビア'ブラック パール' … 028	ルメックス サンギネウス … 119	
ユーフォルビア ポリクロマ … 015	ルリギク … 047	
ユーフォルビア ミルシニテス … 119	ルリトウワタ … 041	
	ルリトラノオ … 039	
ら	ルリマツリモドキ … 082	
ラージエルサレムセージ … 059		
ラシルス'ローゼンエルフ' … 016	**れ**	
ラティビダ コルムニフィラ … 050	レウカンセマム'オールド コート' … 050	
ラティビダ'レッド ミジェット' … 050	レウカンセマム'スノー ドリフト' … 050	
ラバテラ クレメンティ … 082	レウカンセマム'ブロードウェイ ライト' … 050	
ラバテラ'ファーストライト' … 082	レッドキャッチフライ … 066	
ラベンダーセージ … 093	**レッドキャンピオン** … 066	
ラミウム ガレオブドロン … 027	レディースマントル … 034	
	レンテンローズ … 010	

荻原範雄 *Norio Ogihara*

1978年、三重県生まれ。全国の植物ファンから絶大な信頼を寄せられる、日本一の宿根草専門店「おぎはら植物園」の上田店店長。おぎはら植物園は、1980年代から珍しい宿根草や樹木の収集、販売を始め、4000種以上の取り扱いがある。範雄氏は海外からの品種導入や栽培、販売を通じて、実務経験で得た知識を生かし、園芸雑誌の監修執筆などで活躍している。著書に、『決定版 カラーリーフ図鑑』『咲かせたい！ 四季の宿根草で庭づくり』（共に講談社）などがある。

おぎはら植物園
http://www.ogis.co.jp/
http://www.rakuten.co.jp/ogis/

装幀・レイアウト：日高慶太＋志野原遥（モノストア）、大平千尋

撮影協力（五十音順）：
おぎはら植物園、ガーデンソイル、軽井沢レイクガーデン、軽井沢 ルゼ・ヴィラ、白馬コルチナ イングリッシュガーデン、夢ハーベスト農場、ラ・カスタ ナチュラル ヒーリング ガーデン

写真提供：おぎはら植物園
写真撮影：林 桂多、杉山和行（以上講談社写真部）
図版作成：梶原由加利

【決定版】**四季の宿根草図鑑**

2017年3月30日　第1刷発行
2024年2月5日　第9刷発行

著者　荻原範雄
発行者　清田則子
発行所　株式会社 講談社
　　　　〒112-8001　東京都文京区音羽2-12-21
　　　　（販売）03-5395-3606
　　　　（業務）03-5395-3615
編集　株式会社講談社エディトリアル
代表　堺 公江
　　　〒112-0013　東京都文京区音羽1-17-18　護国寺SIAビル6F
　　　（編集部）03-5319-2171
印刷所　TOPPAN株式会社
製本所　大口製本印刷株式会社

定価はカバーに表示してあります。
本書のコピー、スキャン、デジタル化等の無断複製は、著作権法上の例外を除き禁じられています。
本書を代行業者等の第三者に依頼してスキャンやデジタル化することは、たとえ個人や家庭内の利用でも著作権法違反です。
落丁本・乱丁本は購入書店名を明記のうえ、講談社業務あてにお送りください。
送料は講談社負担にてお取り替えいたします。
なお、この本の内容についてのお問い合わせは、講談社エディトリアルあてにお願いいたします。

N.D.C.627　143p　26cm
©Norio Ogihara 2017, Printed in Japan
ISBN978-4-06-220491-0